MAINZER STADTSPAZIERGÄNGE

Michael Bermeitinger

Von der Großen Bleiche bis St. Stephan

BAND 2

Die Mainzer Stadtspaziergänge von Michael Bermeitinger erschienen zuerst unter dem Titel ‚Stadtspaziergänge' in der Allgemeinen Zeitung Mainz.

Umschlag: Ursula S. Kosa, Ingelheim
Layout: Ursula S. Kosa, Ingelheim
Fotos: AZ-Archiv: 7 (o.), 14 (3), 17 (M.), 19 (l.), 20 (o), 24 (u.), 26, 39 (Sascha Kopp), 42 (o.r. Sascha Kopp), 56 (o.l.), 57 (o. Sascha Kopp), 60 (o.r. Sammlung Büttner), 61 (u.r. Sammlung Büttner), 73 (2 o.), 93, 98 (u.l.), 99 (o.l., Mitte, r., Foto: Klaus Benz), 107 (o., Foto: Klaus Benz), 107 (M.), 109 (o.r.), 135 (o.r.), 144 (Sascha Kopp) – Sammlung Michael Bermeitinger: 4 (2), 5 (2), 8 (2), 9, 10, 11 (3), 12 (3), 13 (2), 15 (5), 16, 17 (o.), 17 (u.), 18 (2), 19 (r.), 20 (2 u.), 21 (2), 23 (2), 24 (o.l. und o.r.), 25 (o.), 27 (o.r., M., u.), 28 (2), 29 (3), 30, 31 (2), 32 (u.), 33 (3), 34, 36 (r.), 37 (o.r.), 38 (o.r.), 39 (o.), 42 (o.l., M., u.r.), 43 (o.r. und o.l.), 45 (2), 46 (u.), 47 (3), 48, 49 (2), 50 (o.), 51, 52 (2), 53 (3), 54, 55 (u.), 56 (o.r. und Mitte), 57 (u.), 59 (2), 60 (o.l), 61 (2 o.), 62, 63 o. und u.), 64, 65 (3), 66 (2), 67 (2), 68, 69, 70 (2), 71 (4), 72 (2), 73 (u.), 74 (u.), 75 (2), 76 (3), 72 (2), 78 (2), 79, 80, 81, 82 (3), 84 (o.l. und u.), 84 (3), 85, 86 (o.), 87 (2), 88 (2), 89 (4), 90, 91 (3), 92 (2), 94, 95, 96, 97 (2), 98 (o. und l.), 99 (u.l.), 100, 101, 102 (2), 103 (l.), 104, 105, 106 (4), 107 (u.), 108, 109 (o.l. und u. 2), 110 (2), 111, 112 u., 113, 114 115 (2), 116, 117 (3), 118 (3), 119 (o.), 120, 121 (2), 122, 123 (4), 124, 125 (u.), 126 (2), 127 (2), 128 (2), 129 (2), 130 (2), 131 (3), 132 (2), 133, 134 (3), 135 (o.l., M.r., u.r., u.l.), 136, 137 (o.), 138 (3), 139 (2), 140, 141 (l.), 142 (2, Mitte l. und r.), 143 (u.) – Sammlung. Margot Demmler: 143 (o.) – Sammlung Petra Jung: 29 (u.) – GDKE: 9 (u.), 83 (o.l.) – Sammlung Kleisinger: 128 (u.) – Sammlung Kohl: 25 (2 u.) – Archiv Heinz Leiwig: 41 – Dr. Josef Oehrlein: 55 (o.) – Münch, Philipp: 27 (o.l.) – Sammlung Schlüter: 119 (u.) – Sammlung Dr. Markus Schneider: 103 (u.r.) – Sammlung Norbert Schütz: 36 (l.) – Stadtarchiv Mainz: 6 (3), 30, 32 (o.), 35 (2), 37 (l. und r.u. Philipp Kepplinger), 38 (o.l. und u.), 40 (Philipp Kepplinger), 43(u.), 44, 46 (o.), 50 (u.), 56 (u.), 58, 62, 74 (o.), 87 (u.), 112 (o.), 125 (o.), 141 (r.) – Archiv Willenberg: S. 144 (o. und u.)
Druck: TZ Verlags- & Print GmbH, Roßdorf

Leinpfad Verlag, Leinpfad 5, 55218 Ingelheim,
Tel. 06132/8369, Fax: 896951
E-Mail: info@leinpfadverlag.de
www.leinpfadverlag.com

ISBN 978-3-945782-64-4

Inhalt

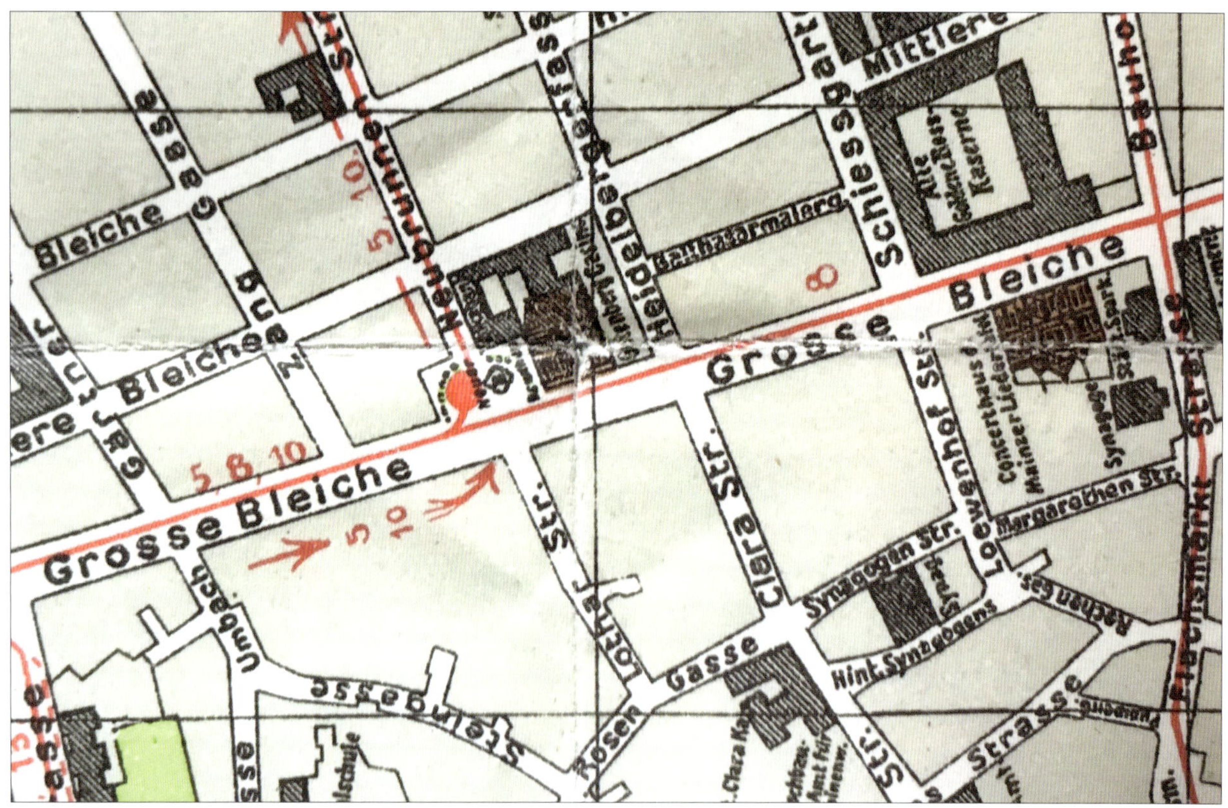

Mitte der 1920er Jahre hat die Große Bleiche drei Straßenbahnlinien, von denen zwei in die Neubrunnenstraße einbiegen.

29 Erinnerung an die Liedertafel

Das Konzerthaus in der Großen Bleiche war kultureller und gesellschaftlicher Mittelpunkt

Als Mainz anno 1962 sein erschwindeltes 2000-jähriges Bestehen feiert, will sich die Stadt auch ein musikalisches Denkmal setzen. Sie beauftragt Paul Hindemith, der die Kantate „Der Umzug" schreibt. Diese erzählt mit Texten von Carl Zuckmayer Mainzer Geschichte(n), dargeboten von „Böppche"-Sopran und „Schöppche"-Tenor. „Nachdenklich-heiter und höchst unterhaltsam", schreibt Schott Music über das späte Werk des Komponisten. Und es ist so ganz anders als „Das Unaufhörliche", das Hindemith 31 Jahre zuvor in Mainz zur Aufführung bringt – in der Großen Bleiche.

Die Liedertafel (r.) auf einer Postkarte um 1910.

Das damalige Oratorium für Soli, gemischten Chor, Knabenchor und Orchester mit Texten von Gottfried Benn wird am 21. November 1931 unter Otto Klemperer in Berlin uraufgeführt. Der Musikwissenschaftler Oskar Bie sagt damals ergriffen: „Ich weiß nicht, ob ich es als Genuss hörte oder als Miterleben, als Konzert oder als Bekenntnis, als Gefühl oder als Form, ich war tief getroffen." Und nur eine Woche nach der Premiere kommen schon die Mainzer und Main-

Insbesondere in der Zeit vor dem Ersten Weltkrieg war das Schreiben von Ansichtskarten sehr beliebt, weshalb auch Institutionen wie die Liedertafel entsprechende Karten auf den Markt brachten.

zerinnen in den Genuss.: „Das Unaufhörliche" wird als Festkonzert zum 100-jährigen Bestehen der Mainzer Liedertafel in deren prächtigem Konzerthaus in der Großen Bleiche aufgeführt. Dort, wo heute die Landesbank ihren unterkühlten 1960er Jahre Charme verbreitet.

Die Liedertafel, in deren Frühzeit sich tatsächlich und wortwörtlich Musikfreunde um eine Abendtafel versammeln und Lieder zu Gehör bringen, wird aus bescheidenen Anfängen zu einer Mainzer Institution. Gegründet von Herren der Gesellschaft und der Kunst, wird sie nach Zusammenschluss „Mainzer Liedertafel und Damengesangverein von 1831" genannt. Zahlen die Mitglieder zu Anfang bei den montäglichen Treffen in verschiedenen Lokalen, später in den Räumen des Stadttheaters, je zwölf Kreuzer für neue Musikalien, Raummiete und Heizung, verhilft die wachsende Bedeutung der siebtältesten deutschen Chorvereinigung zu großzügigen Zuwendungen der Bürger. 1890 wird das repräsentative Konzerthaus an der Großen Bleiche eingeweiht, für das zuvor die Löwenhof-Kaserne abgerissen wird.

Von Anfang an sind jüdische Mainzer wichtige und fördernde Mitglieder, doch nach 1933 wird die Liedertafel von den neuen Machthabern vor die Alternative gestellt: Entweder verlassen alle Juden die Vereinigung oder sie wird aufgelöst. So geht es auch den Fastnachtskorporationen oder Sportvereinen wie Mainz 05. Aber viele Jüdinnen und Juden sind ihren Vereinen so verbunden, dass sie ihnen noch einen letzten Dienst erweisen und freiwillig austreten. So ersparen sie den anderen Mitgliedern den bitteren Schritt, sie ausschließen zu müssen oder den Verein eingehen zu lassen.

Hitlers letzter Besuch in Mainz, der nicht mehr als eine Durchfahrt ist, führt ihn am 11. Oktober 1938 über die Große Bleiche an der Liedertafel vorbei. Er kommt vom Westwall, fährt im Wehrmacht-Mercedes über Münsterplatz, Große Bleiche und Rheinstraße zum Anleger der Köln-Düsseldorfer. Dort besteigt er das bei Ruthof in Kastel gebaute Motorschiff „Hansestadt Köln".

Das luxuriöse Schiff wird im Juli 1938 für die Stadt Köln in Dienst gestellt. Es soll bei der Internationalen Verkehrsausstellung 1940 Ehrengäste befördern – auch Hitler. Vielleicht heißt es deshalb später, dass das Schiff ein Geschenk für Hitler gewesen sei. Die Amerikaner glauben das gern, als sie 1946/47 Soldaten auf „Hitler's

Am 11. Oktober 1938 fährt Adolf Hitler mit einer Kolonne vom Westwall kommend durch die Große Bleiche, die ins Blutrot der Hakenkreuzfahnen getaucht ist. Viele Menschen säumen die Straße.

Yacht" über den Rhein schippern. Später, wieder in Köln, sieht das Schiff Adenauer, de Gaulle, Queen Elizabeth und Michael Jackson als Ehrengäste an Bord.

An jenem Oktobertag 1938 ist die Große Bleiche in das Blutrot der Nazi-Fahnen getaucht, die wie eine Wand die Straße säumen. Am nächsten Tag jubelt der „Anzeiger": „Wie ein Lauffeuer geht ... die Nachricht durch die Stadt, der Führer komme durch Mainz. ... Die Kinder hält es nicht mehr in den Klassen, der Unterricht wird abgebrochen, klassenweise marschieren die Jungen und Mädel zum Rhein, aus allen Vororten eilen die Volksgenossen ins Stadtinnere, Fahnen werden aufgezogen ..." Am Ende heißt es schwülstig: „Zurück bleibt eine glückliche Bevölkerung, die immerfort an diese glücklichen Minuten des Besuchs des Führers denken wird."
Die Quittung für den Jubel gibt es schon wenige Jahre später. Im Krieg wird die Liedertafel durch Bomben zerstört und am 27. Februar 1945 ist die Große Bleiche die Hölle, die Todeszone. Lange sieht man noch Trümmer, bis das gesamte Karree zwischen Großer Bleiche und Margarethengasse, Löwenhofstraße und Klarastraße abgeräumt wird. Jahrelang dient die Fläche – wie viele andere Kriegsbrachen auch – als günstig gelegener, riesiger Parkplatz. Dann entsteht hier Ende der 1950er der große Komplex der Landesbank. Deren Bauflucht wird – einem Plan von 1937 folgend – für eine Verbreiterung der Straße und einen besseren Blick auf St. Peter weit zurückgezogen.

Ob diese Blickachse ein städtebaulich großer Wurf ist, das sei dahingestellt. Der entstandene Platz ist immer leblos geblieben, selbst zu jenen Zeiten, da die Große Bleiche noch als gute Geschäftsadresse gilt und man hier auch sonntags zum Schaufensterbummel flaniert.
Nachdem im ganzen Straßenzug nur vier historische Gebäude den Bombenhagel überstanden

Die lange Front des Modehauses Kleebach ist für die modebewusste Mainzerin ein absolutes Muss beim Schaufensterbummelin den 1950ern.

haben, wird rasch aufgebaut, zumindest im Vergleich. Es entstehen Geschäfte, deren Namen immer noch einen guten Klang haben: Das Modehaus Kleebach, eine der ersten, wenn nicht gar die erste Adresse der Stadt, der Juwelier Weiland oder die Gutenberg-Buchhandlung.
Zu den übrig gebliebenen historischen Gebäuden der Großen Bleiche zählt die Golden-Ross-Kaserne von 1770, heute ist sie der Sitz des Landesmuseums, einst kurfürstlicher Marstall, also Pferdestall, nebst prächtiger Reithalle. Vorbild soll die Spanische Hofreitschule gewesen sein, wozu auch das Pferd über dem Eingang passt – das Goldene Ross. Doch 1890 wird das aus Kupfer getriebene, vergoldete Pferd (heute aus Alu) zur „Neuen Golden-Roß-Kaserne" an die Mombacher Straße abkommandiert. Bevor das Militär einzieht, dient der vormalige Marstall kulturellen Genüssen. Er ist Ersatz für das 1793 bei der Beschießung zerstörte „Kurfürstliche Mainzer Nationaltheater" mit 3000 Plätzen, das sich an Stelle des heute geschlossenen Hotels Neubrunnenhof befindet. Sogar Napoleon besucht einmal eine Vorstellung im Marstall, der städtische Bühne bleibt, bis 1833 das Stadttheater eröffnet wird.

Nach dem Theater kommt die Kavallerie – Kürassiere, Ulanen, Husaren – und 1919 die französische Besatzungsmacht, bis in den

So stellte sich der Stadtplaner Egon Hartmann in den 1950er Jahren die Große Bleiche gegenüber der Golden Ross-Kaserne vor.

Anno 1882, bei einem der schlimmsten Hochwasser aller Zeiten, laufen auch weite Teile der Großen Bleiche voll.

1930er-Jahren die Museumskarriere unter dem Goldenen Ross beginnt. Es ist übrigens kein Reit- oder Militärpferd, wie die dargestellte Dressur-Figur „Levade" verrät, und doch trägt das Ross einmal einen Reiter: Zu ihrem 111-Jährigen Bestehen, 1995, lässt die Prinzengarde einen Gardisten aufsitzen. Was allerdings nicht heißen sollte, dass man auf dem hohen Ross sitze.

Zu den vier von den Bomben nicht vernichteten Gebäuden gehört auch das 1911 erbaute jüdische Bankhaus Kronenberger an der Ecke zur Heidelberger Faßgasse. 1927 verkaufen die Kronenbergers an die Commerzbank, die diesem Standort auch bis heute die Treue hält. Allerdings fällt man 1967 einen Entschluss, der dem heutigen Blick nicht standhält: Man reißt das schöne Sandsteingebäude ab und ersetzt es durch einen gesichtslosen Neubau, der im architektonischen Einerlei der Großen Bleiche nicht weiter auffällt. Wie sehr würde

Das Bankhaus Kronenberger wurde in den 20er Jahren an die Commerzbank verkauft.

Nur rund eine Handvoll Häuser hat in der Großen Bleiche die Bomben überlebt, dazu zählt auch der schöne Sandsteinbau des Bankhauses Kronenberger von 1911. Die Commerzbank reißt das Gebäude 1967 ab.

gerade heute das schöne Kronenberger-Gebäude hervorstechen, aber Ende der 1960er Jahre denkt man – leider – ganz anders. Dieser Abriss ist ja nicht die einzige Bausünde der damaligen Zeit.

Seit 1898 ist die Große Bleiche 48 Sitz des „Anzeigers". Nach der Erweiterung sind es bis zum Umzug 1996 die Hausnummern 44-48.

30 Zwölf Kreuzer fürs Monatsabo

Die Große Bleiche war 99 Jahre lang der Sitz von Anzeiger und AZ / Anfangs ein Annoncen-Blatt

Es gibt Mainzer Begriffe, die sterben irgendwann aus. So gibt es nicht mehr viele, die vom „Städtisch'" (Krankenhaus) sprechen, wenn sie die Universitätsmedizin meinen, die mit „de Elektrisch" in die Stadt fahren, den Osteiner Hof „Gouvernement" nennen – oder täglich den „Anzeiger" lesen. Als Ur-Mainzer, der er oder sie dann ja sein muss, wird er eh vom „O'zeischer" sprechen und damit die AZ meinen. Fast 100 Jahre lang hatte die große Mainzer Tageszeitung an der Großen Bleiche ihren Sitz und rund die Hälfte jener Zeit hieß sie „Mainzer Anzeiger".

2020 wird die Allgemeine Zeitung mit ihren Vorgängern 170 Jahre alt. Genau am 29. Juni. An jenem Tag im Jahre 1850 bringt der Drucker Joseph Gottsleben seinen täglich erscheineneden Straßen-Anzeiger heraus, ein Blatt mit Annoncen aller Art, die der geneigten Kundschaft zwölf Kreuzer für das monatliche Abonnement wert sind.

Damals wie heute bieten Anzeigen einen Mehrwert: So erfährt man in der ersten Ausgabe, dass im „neuerbauten Eckhause Rose- u. Sackgasse (heute Kolping- / Ecke Lotharstraße) ... der erste Stock, enthaltend 3 Zimmer, 1

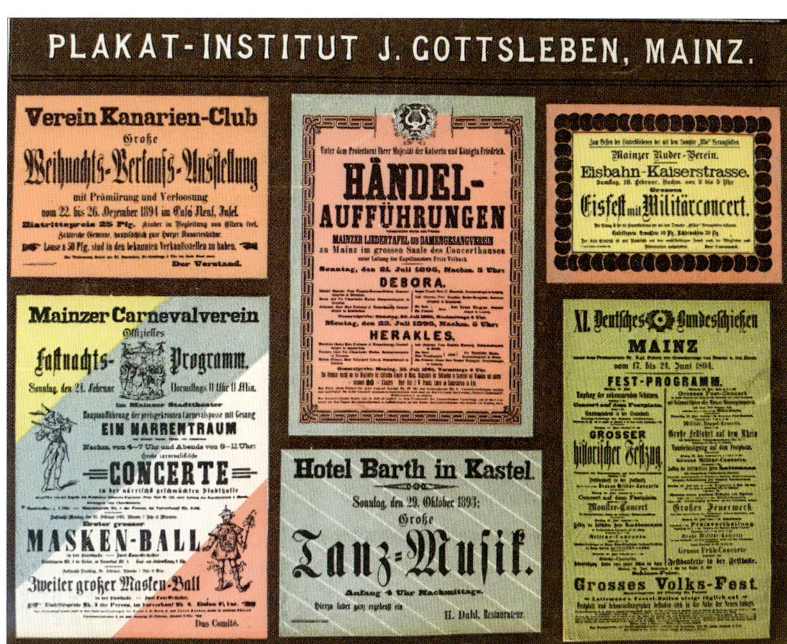

Der Drucker Joseph Gottsleben verlegt nicht nur den „Anzeiger", sondern betreibt auch eine Druckerei für Werbung und Plakate.

Küche und Mansarden gleich zu vermiethen" sei. Rheumatismus-Ketten versprechen Linderung, Fridberg in der Schustergasse offeriert „die neuesten seidenen Sonnenschirme von 1 Gulden 30 Kreuzer bis 3 Gulden 15 Kreuzer", während in der Rheinstraße Chrystie Heinrich & Comp. Schiffspassagen von Havre nach New York vermittelt.

Gottsleben wird immer der Werbung treu bleiben, betreibt noch bis mindestens nach der Jahrhundertwende sein „Plakat-Institut" für Anpreisungen an den Litfaßsäulen, aber die Zeitung entwickelt sich. Nach drei Jahren kommen im nunmehr „Täglichen Anzeiger" zu den Annoncen auch „Erzählungen, Novellen, Gedichte und ein Feuilleton für Theater und Concert" hinzu. Damit darf die Kultur mit Fug und Recht der älteste redaktionelle Teil der Zeitung genannt werden, denn die Titelseiten-Rubrik „Was gibt's Neues?", die in kurzen Passagen Politisches, Mord und Totschlag, Gericht und Marktpreise präsentiert, ist eher noch ein Gemischtwarenladen.

Es dauert, bis die Zeitung eine solche wird. Ab 1854 heißt das Blatt nun „Mainzer Anzei-

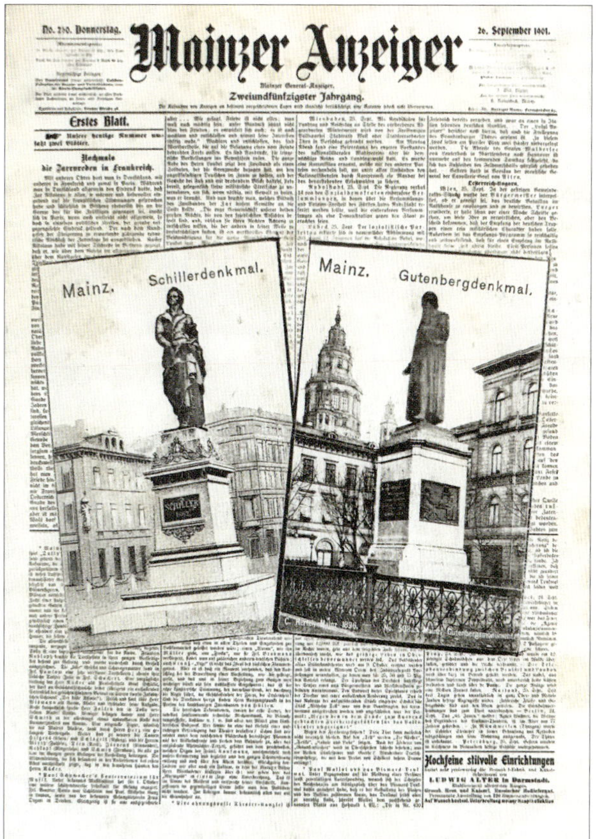
Mainzer Anzeiger
Zweiundfünfzigster Jahrgang.
Erstes Blatt.

Werbeansichtskarte des „Mainzer Anzeigers" in der Kaiserzeit.

Noch eine Werbekarte des „Anzeigers". Die Zeitung ist ein Leporello mit kleinen Mainzer Ansichten. Das Blatt beherrschte den Mainzer Markt.

c) Provinz Rheinhessen.

8000	Alzey, Alzeyer Zeitung (Amtl. Kreisbl.) s. Ins. S. 11	p.	4	10	20	2700	5	53	88
	Rheinhessische Volksblätter . . . . m. d. Nebenausg.: Pfälzisches Tageblatt	nl.	6	10	20	—	6	45	90
	Alzeyer Beobachter	l.	6	10	25	—	6	45	90
10000	Bingen, Mittelrheinische Volkszeitung Lokal 15 Pf. s. Ins. S. 43	c.	6	20	50	4000	6	47	94
	Rhein- und Nahezeitung.	l.	6	20	50	3500	6	50	100
	Binger Zeitung	p.	2	15	30	—	5	49	80
	Bingerbrücker Tageblatt s. Ins. S. 43	c.	6	20	50	—	6	47	94
3000	Gau-Algesheim, Rheinischer Volksbote	c.	2	15	30	3100	6	45	92
100000	Mainz, Mainzer Anzeiger (Generalanzeiger) . . . . s. Ins. S. 293	—	6	30	70	30400	6	52	79
	Mainzer Tagblatt. . . . . s. Ins. S. 294	l.	7	25	50	—	6	52	79
	Mainzer Journal (Lokal 12 Pf.) s. Ins. S. 295	c.	6	25	60	12800	6	48	96
	Mainzer Neueste Nachrichten . . .	f.	6	25	50	—	7	45	76
	Neuester Anzeiger	p.	6	20	50	12800	6	50	100
	Volkszeitung Mainz . . s. Ins. S. 296	sd.	6	25	50	10400	6	46	94
	Katholisches Volksblatt . s. Ins. S. 295	c.	1	25	75	14-16000	4	42	70
	Das Hessische Land	—	2	15	40	—	5	—	—
1800	Nieder-Olm, Rheinhess. General-Anzeig.	p.	3	10	20	—	6	43	99
5000	Nierstein, Niersteiner Lokalanzeiger .	p.	3	15	30	—	4	59	80
3500	Oberingelheim, Rheinhess. Beobachter s. Ins. S. 342.	f.	2	15	30	6000	4	54	72
	Ingelheimer Anzeiger.	l.	3	10	20	2200	5	54	90
3700	Oppenheim, Landskrone, Oppenheimer Kreisblatt	nl.	3	12	25	2800	5	45	80
3170	Osthofen, Osthofener Zeitung	p.	2	10	20	—	4	53	70
--	Sprendlingen (Rheinhess.), Tageblatt . (m. der Nebenausg. Flonheimer Tagblatt)	l.	6	10	20	—	6	45	90
2480	Wörrstadt, Rheinhess. Landeszeitung .	p.	3	10	25	—	5	53	90
2300	Wöllstein, W'er Zeitung (m. d. Nebenausgaben: Sprendlinger Nachrichten und Wendelsheimer Anzeiger)	p.	2	10	15	—	3	72	107
46000	Worms, Wormser Zeitung, Amtsblatt . s. Ins. S. 461	nl.	13	20	50	8200	6	47	92
	Wormser Volkszeitung . s. Ins. S. 460	nl.	6	20	50	70-7500	6	46	70

Inseraten-Annahme durch die Annoncen-Expedition Daube & Co., G. m. b. H.

Auszug aus einem Zeitungskatalog von 1908: Spalte links neben Titel: Einwohnerzahl, rechts neben Titel politische Tendenz: p = parteilos, nl = nationalliberal, l = liberal, c = Centrum, f = freisinnig, sd = sozialdemokratisch, dann Erscheinungstage, Zeilenpreise für Annonce bzw. Reklame, Auflage, Spaltenzahl, Spaltenbreite in mm für Annonce und Reklame.

Fr. M. Kratt
M.-Mombach

Quittung
für einen
„Mainzer Anzeiger"
oder
„Mittelrhein. Anzeiger"

Bezugspreis RM. 2.—
(einschließlich 25 Pfg. Trägerlohn)

für Monat November 1943

K/0623

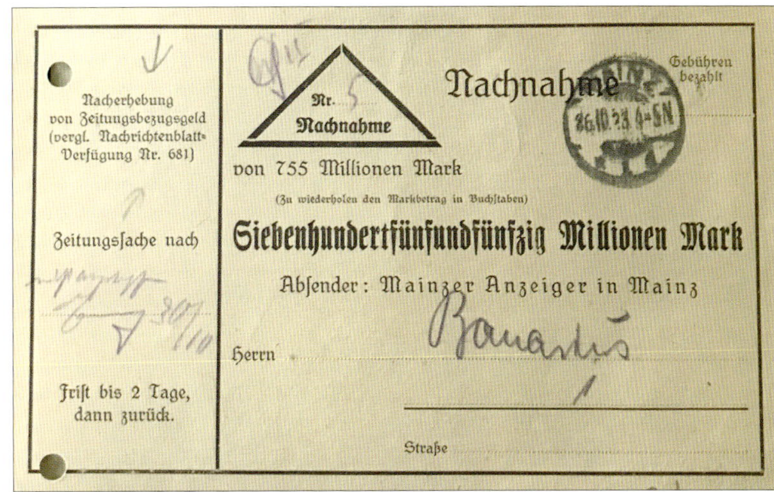

Nacherhebung von Zeitungsbezugsgeld (vergl. Nachrichtenblatt-Verfügung Nr. 681)

Zeitungssache nach

Frist bis 2 Tage, dann zurück.

Nr.
Nachnahme

Nachnahme

Gebühren bezahlt

von 755 Millionen Mark

(Zu wiederholen den Markbetrag in Buchstaben)

Siebenhundertfünfundfünfzig Millionen Mark

Absender: Mainzer Anzeiger in Mainz

Herrn

Straße

Noch bis weit in die 1950er Jahre wurde der Bezugspreis vom Träger an der Haustür kassiert. 755 Millionen Mark waren dafür in der Zeit der Hochinflation 1923 fällig.

ger" und der Verlag zieht von der Steingasse in die Welschnonnengasse. Erst als man 1897 mit dem Verlag Kupferberg zur „Mainzer Verlagsanstalt und Druckerei A.G." fusioniert, wird dessen Standort im April 1898 die Große Bleiche 48 – für fast 99 Jahre.

Die Zeitung wird zur größten Zeitung des Großherzogtums Hessen, später im Volksstaat. Während der Franzosenzeit nach dem Ersten Weltkrieg fährt der „Anzeiger" einen mutigen Kurs. Wiederholt werden Direktor Will und sein verantwortlicher Redakteur Nohascheck für eine Woche oder einen Monat eingesperrt und schließlich aus der französischen Zone ausgewiesen.

Gerade die frühen 1920er Jahre sind eine schwere Zeit für den „Anzeiger", denn der wirtschaftliche Niedergang der Stadt durch die Besetzung und schließlich auch die Inflation setzen der Zeitung schwer zu. Täglich, zu Zeiten der Hochinflation auch zwei Mal am Tag, müssen die Preise angepasst werden, für die Anzeigen wie für den Preis des Blattes selbst.
Als 1930 die Franzosen Mainz verlassen, ziehen aber noch viel dunklere Wolken auf: die Weltwirtschaftskrise und die Nazis. Zu jener Zeit gibt es neben dem „Anzeiger" noch vier weitere Zeitungen von Bedeutung: das katholische „Mainzer Journal" im Sonnengässchen 3, die sozialdemokratische „Volkszeitung" in der Zanggasse 15, die „Mainzer Tageszeitung", ursprünglich deutsch-national, nun nationalsozialistisch, sowie die „Mainzer Warte", das NSDAP-Kampfblatt am Mittelrhein. Der „Anzeiger" entspricht dem Klima der Stadt mit starken Kräften von Sozialdemokratie, Zentrum und linksliberaler DDP.

Der politische Kurs ändert sich schon sehr bald nach der Machtergreifung. Das Schreckenswort heißt Gleichschaltung. Stramme Nazis von außerhalb übernehmen die Redaktionsleitung und wer bleiben will, muss mitziehen. Propaganda für den Führer, Hetze gegen Juden, Andersdenkende und gegen alle, die sich verweigern, die zweifeln. Es geht gegen die Kirchen und immer wieder gegen die Juden. Der „Anzeiger" wird schließlich parteiamtliches Organ der NSDAP.
Überregionale Nachrichten werden von Berlin aus, von Goebbels Reichsministerium für Volksaufklärung und Propaganda, gesteuert. Nachrichten werden ausgegeben, mit einer bestimmten Richtung versehen, verfälscht oder erfunden und werden über die Presseagentur Deutsches Nachrichtenbüro an die Zeitungen weitergeleitet, die sie drucken müssen. Zeitungsleuten, die sich verweigern, droht Berufsverbot, Gefängnis, KZ, den Zeitungen der Lizenzentzug.

Der „Anzeiger" in den 1920er Jahren. Redaktionskonferenz, Setzerei und Auslieferungfahrzeuge. Das hohe Gebäude rechts überlebt den Krieg.

Die Änderung ist nicht nur in der Zeitung selbst greifbar, sondern auch an den Abo-Quittungen: Diese Zettel tragen auf der Rückseite immer ein Bild einer Serie, die gesammelt und dann in ein Album eingeklebt werden kann. In den 1930er sind die Motive

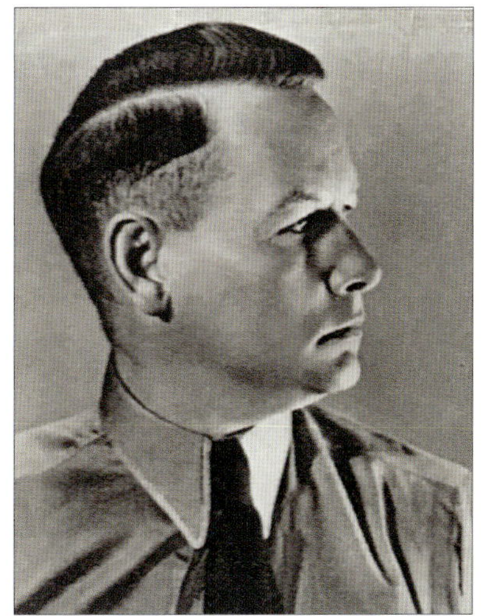

Auf der Rückseite der Abo-Quittungen finden sich Bilder von Nazi-Größen, die man sammeln und in ein Album kleben kann. Von links: Max Amann, Reichsleiter für die Presse, Friedrich K. Florian, Gauleiter Düsseldorf, Albert Forster, Gauleiter Danzig.

zumindest eine Zeitlang Bilder von Nazi-Größen.

Wie viel Schuld auch die Redakteure auf sich laden, wie oft sie über das Geforderte hinausgehen, wie viel und wie oft auch ohne Befehl gehetzt wird, wie sehr sie sich anbiedern, schmierige Nazi-Lyrik verbreiten, um im Krieg der Front zu entgehen ... es ist schwierig zu beurteilen. Der 27. Februar 1945 ist das Ende für die Große Bleiche und auch der Anzeiger geht unter. Am 19. März tönen letztmals seine Durchhalteparolen.

Mainzer Anzeiger

GAUAMTLICHE TAGESZEITUNG FÜR MAINZ UND RHEINHESSEN

93. Jahrgang

Donnerstag, den 4. Februar 1943

Unsterbliche rufen die Nation

Übermenschliche Opfer der Helden an der Wolga - ein heiliges Fanal für die Heimat

Mainzer Anzeiger

AMTLICHE TAGESZEITUNG DER NSDAP. FÜR DIE KREISE MAINZ UND ALZEY

Nummer 223 | Freitag, den 22. September 1944 | 94. Jahrgang

Neuer Terrorangriff auf Mainz

Wieder Stunden der Bewährung für die schwergeprüfte Stadt

Unser Gelöbnis

Der „Anzeiger" wechselte im Krieg die Optik: Oben die Schlagzeile nach der Niederlage von Stalingrad, unten nach dem Luftangriff vom 21. September 1944.

Die Große Bleiche 1945, hinten links das einzig übrig gebliebene Gebäude des Anzeigers.

31 Neuanfang in Ruinen

Vom Neuen Mainzer Anzeiger zur AZ / 1996 verlässt der Verlag die Große Bleiche

Mit der letzten Ausgabe des „Anzeigers" vom 19. März 1945 und seinen letzten Durchhalteparolen machen sich auch die leitenden Redakteure wie überhaupt alle Nazis feige aus dem Staub über den Rhein. Verbrannte Erde bleibt zurück. In jeglicher Hinsicht.

Auch beim „Anzeiger", der am 21. September 1944 das erste Mal schwer von Bomben getroffen wird und am 27. Februar 1945 erneut, ist fast alles zerstört. Büros, Setzmaschinen und Rotation, Bleischmelze, Papiervorräte. Alles. Doch ein Name steht für den journalistischen Neuanfang: Erich Dombrowski. Nicht umsonst trägt die heutige Adresse von VRM und Allgemeiner Zeitung auf dem Lerchenberg seinen Namen.

Einst Journalist in Berlin und Frankfurt, Demokrat und von den Nazis mit Berufsverbot belegt, wird er Gründungschefredakteur in Mainz und am 26. Oktober 1945 können die Mainzerinnen und Mainzer die erste Ausgabe unter dem Titel „Neuer Mainzer Anzeiger" lesen. Zunächst erscheint er zwei Mal, dann ab Mai 1946 drei Mal die Woche mit sechs Seiten. Nicht nur weil Papier Mangelware ist und die Maschinen zerstört sind, sondern auch weil Mitarbeiterinnen und Mitarbeiter fehlen. „Die Zahl der Maschinen- und Handsetzer war so gering, daß man zwei Tage brauchte, um eine sechsseitige Zeitung technisch herauszubringen", heißt es in einer alten AZ-Chronik.

Die Redaktion sitzt beim Schott-Musikverlag im

NEUER

MAINZER ANZEIGER

REDAKTION: MAINZ, WEIHERGARTEN 5 TELEFON 29 ANZEIGEN UND ABONNEMENTS-ANNAHME: COMMERZBANK, MAINZ, GROSSE BLEICHE NR 35 TELEFON NR. 28
MONATSBEZUGSPREIS: RM 1.75 ZUZÜGLICH 25 RPF TRÄGERLOHN DURCH DIE POST RM 1.94 EINSCHL. POSTZEITUNGSGEBÜHR ZUZÜGLICH 36 RPF ZUSTELLGEBÜHR

Nummer 95 M — Mittwoch, 2. Oktober 1946 — Preis 20 Pfg.

Zwölf zum Tode durch den Strang verurteilt

Der Urteilsspruch: Göring, Keitel, Ribbentrop, Jodl, Frick, Streicher, Rosenberg, Kaltenbrunner, Frank, Sauckel, Bormann, Seyß-Inquart kommen an den Galgen / die übrigen erhalten lebenslängliche oder langjährige Freiheitsstrafen / Schacht, v. Papen, Fritzsche freigesprochen

„Neuer Mainzer Anzeiger" heißt das Mainzer Blatt nach seiner Neugründung im Oktober 1945, das hier die Urteile des ersten Nürnberger Kriegsverbrecherprozesses verkündet. Links das Verlagsgelände von der Löwenhofstraße aus gesehen. Die beiden Baracken blieben übrigens stehen, bis die AZ 1996 den Standort verlässt. Unten die Front zur Großen Bleiche; hier entsteht 1962 das neue Verlagsgebäude.

Weihergarten, während in einem Keller des zerbombten Zeitungshauses an der Großen Bleiche gesetzt und in Ingelheim gedruckt wird. Am 26. November 1946 ist der „Neue Mainzer Anzeiger" auch schon wieder Vergangenheit und wird abgelöst durch die „Allgemeine Zeitung, Hauptausgabe und Wirtschaftsblatt". Zweierlei ist bemerkenswert: Die AZ erscheint am 1. April 1948 als erste deutsche Zeitung wieder an sechs Tagen pro Woche und am 1. November des Folgejahres geht aus der Mainzer Zeitung die „Frankfurter Allgemeine" hervor. Erich Dombrowski ist einige Jahre gleichzeitig Chefredakteur der Allgemeinen Zeitung in Mainz, des Wiesbadener und Darmstädter Tagblatts und Herausgeber der FAZ.

Die Zeit der Provisorien hält lange an. Der Bau

Ein DKW F91 Universal (1953-57) als AZ-Firmenwagen.

in der zweiten Reihe der Klarastraße über dem Druckkeller ist halbwegs erhalten, wenn auch die Maschinen zerstört sind. Aber die Redaktion muss bis 1947 im Weihergarten ausharren. An der Großen Bleiche entsteht eine Ladenzeile mit Schalterhalle und auf dem Hof einige Notbauten, die äußerst langlebig sind.
Darunter ist auch die enge Kantinenbaracke, in der sich Jahrzehnte vom Büroboten bis zum Geschäftsführer die Belegschaft in rauchgeschwängerter Atmosphäre drängt und abends nach dem Dienst der Redakteursstammtisch bis in die Puppen tagt. Kantinen-Fee Hella ist streng, die Kost schwer, die Portionen sind groß.

Der große Schritt für Verlag und AZ kommt 1963, als der legendäre Verleger Walter Zech den Verlagsneubau eröffnet. Fortan bestimmt die interessante Rasterfassade in Blau und Weiß mit seinen typischen Wendeflügelfenstern diesen Teil der Straße. Im zweiten Stock ist die Anzeigenabteilung, deren Rosenmontagspartys mit freiem Blick auf den Zug legendär und gelegentlich etwas wüst sind. Eine Etage darüber findet sich die Redaktion, seit 1965 unter

1963 eröffnete die AZ in der Großen Bleiche 44-48 ihren modernen Verlagsneubau.

Die einst beliebte Verkehrsaktion „Kavalier der Straße", bei der hilfsbereite Autofahrer ausgezeichnet werden, wird von der AZ mit einer „mobilen Lokalredaktion" (li.) unterstützt. Rechts der Verlagskomplex zwischen Großer Bleiche und Margarethengasse.

Hermann Dexheimer, der nach einem Aufstand der Redakteure gegen seinen Vorgänger zum Chefredakteur berufen wird. Mit 35 Jahren ist er einer der jüngsten in ganz Deutschland und hat diese Position 29 Jahre inne.

Ganz oben residiert Walter Zech, ein findiger, durchsetzungsfähiger Kopf, der die Verlagsanstalt zur Zeitungsgruppe Rhein-Main-Nahe ausbaut. „Die Zeit" nennt ihn damals einen „der mächtigsten und eigenwilligsten Verleger von Regionalzeitungen in der Bundesrepublik", und diese Eigenwilligkeit ist legendär. Dass er ein sogenannter Kommunistenfresser ist, das ist in der damaligen Zeit eher keine Seltenheit, aber er definiert selbst, wer ein gefährlicher Linker ist. Lange Haare und Bart reichen aus, um einen Redakteur einen „Vietkong" zu schimpfen. Und einmal wird auch kurzerhand ein bestellter Gastbeitrag des SPD-Bundestagsabgeordneten Hugo Brandt kassiert, weil er politisch nicht passt.
Zu Zeiten des RAF-Terrors bewehrt Walter Zech die Mauerkrone an der Löwenhof-Einfahrt mit Scherben und Stacheldraht und lässt ein riesiges stählernes Rolltor einbauen. An diesem Tor, hausintern die „Löwenhof-Pforte", heißt der Pförtner übrigens einige Jahre lang Werner Kohlmeyer. Einst ein beinharter Verteidiger des FCK und einer der wichtigsten Spieler der Weltmeister-Elf von 1954, gerät er in den 60ern in eine schwere persönliche Krise. Er wird alkoholkrank, verspielt viel Geld und verelendet sichtlich, bis ein Freund aus Mainz ihm die Stelle an der AZ-Pforte besorgt.
Kohlmeyer lebt mit seiner Mutter in einer Sozialwohnung in der Mombacher Industriestraße und als es langsam mit ihm wieder aufwärts geht es, da stirbt er kurz vor seinem 50. Geburtstag im März 1974. Noch kurz vor seinem Tod verpasst der DFB seinem Helden von Bern einen Nackenschlag, als er dessen Anfrage nach Karten für die anstehende WM mit einem Formschreiben und einer Rechnung beantwortet …

Auf Verleger Walter Zech folgen Anfang der 1980er zwei smarte Geschäftsführer, die Herren S. und K., die im Spätjahr 1986 über Nacht ihre Schreibtische räumen müssen und Hausverbot erhalten, öffentlich gemacht durch einen Zettel mit ihren Fotos an den Eingängen. Sie haben ihr eigenes Unternehmen um satte zwölf Millionen Mark erleichtert, erhalten dafür später Haftstrafen von fünf Jahren und vier Monaten beziehungsweise vier Jahren und vier Monaten.

„Tatort"-Szene in der AZ-Schalterhalle.

Ein paar Jahre zuvor ist die AZ schon einmal Tatort, besser gesagt: Schauplatz eines „Tatorts". In Folge 109 schnappt die Mainzer Tatort-Kommissarin Nicole Heesters alias Oberkommissarin Buchmüller in der Schalterhalle an der Ecke zur Klarastraße den Täter. Als die Folge am 10. Februar 1980 ausgestrahlt wird, schauen 14 Millionen zu – aber dann verschwindet sie für 35 Jahre im Giftschrank des Südwestfunks. Offiziell heißt es, dass Gewalt gegenüber Frauen und Mädchen zu deutlich gezeigt würden, laut inoffizieller Version gab es zu viele Beschwerden über die Darstellung der Fastnacht.

In den 1970ern zieht die Rotation aus dem Keller ins neue Druckhaus nach Mombach und 20 Jahre später ist dann komplett Schluss mit der AZ an der Großen Bleiche. Das bauliche Konglomerat aus Vorkriegs- und Nachkriegsbauten, Baracken, verwinkelten Gängen, toten Trakten, ungenutzten mehrstöckigen Kellern und überraschenden Turmzimmern mit eigener Terrasse ist äußerst spannend und man kann noch nach Jahren einiges entdecken. Doch entspricht der Komplex in den 1990ern längst nicht mehr den Anforderungen an ein modernes Verlagshaus. So wird neben dem ZDF neu gebaut, das Areal an der Großen Bleiche verkauft und die Bebauung komplett beseitigt.

Heute ist die eine Hälfte Seniorenresidenz, während die Hälfte des Karrees zur Löwenhofstraße mittlerweile der Stadt Mainz gehört. Seit November 2019 sind in diesem Teil 300 von 360 Rathausmitarbeiterinnen und -mitarbeiter einquartiert – so lange bis der Jacobsen-Bau saniert ist. Und das kann dauern.

Allgemeine Zeitung

1 S 1112 A — Mainzer Zeitung / Neuer Mainzer Anzeiger — Mainzer Anzeiger — Mainzer Tagblatt (gegr. 1814) / Mainzer Neueste Nachrichten

Nr. 127 / 111. Jahrgang / Preis 20 Pf — Verlag und Redaktion: Mainz, Große Bleiche 46-48 - Tel. Sa.-Nr. 24371 — Montag, 5. Juni 1961

Fazit der 12-Stunden-Konferenz: Der Kalte Krieg geht weiter

Kennedy warnt vor Abenteuern
Chruschtschow ungewohnt ernst

Kremlchef vermeidet ernsten Berlin-Streit - Kommuniqué: Nützliche Gespräche

Chruschtschow fährt nicht nach Ost-Berlin - Der US-Präsident informiert Macmillan

Drahtbericht unseres nach Wien entsandten Korrespondenten Dietrich Schwarzkopf

Wien, 4. Juni. Ohne jede Einigung, aber auch ohne offenen Bruch ist am Sonntagnachmittag das erste Treffen zwischen Präsident Kennedy und Ministerpräsident Chruschtschow zu Ende gegangen. Nach Gesprächen von insgesamt zwölf Stunden Dauer wurde deutlich, daß die weltweiten Spannungen zwischen den beiden Machtblöcken bestehen bleiben, aber auch die diplomatischen Kontakte nicht unterbrochen werden. Allgemein fiel auf, daß Chruschtschow nach den Begegnungen mit Kennedy ernster als sonst und zuweilen sogar zerstreut wirkte. Wider Erwarten wurde die Berlin-Frage nicht zu einem Zentralthema der Konferenz.

Allgemeine Zeitung

Mainzer Zeitung / Neuer Mainzer Anzeiger — Mainzer Anzeiger — Mainzer Tagblatt (gegr. 1814) / Mainzer Neueste Nachrichten — 1 S 1112 A

Nr. 165 / 119. Jahrgang / Preis 30 Pf — Verlag und Redaktion: Mainz, Pressehaus, Große Bleiche 44—50 - Tel.-Sa.-Nr. 361 — Montag, 21. Juli 1969

Die ersten Menschen auf dem Mond

Sanfte Landung in einem Krater Staub wirbelte

„Wir sehen Tausende Felsbrocken"

Houston, 20. Juli. Die Menschheit hat den ersten Griff nach den Sternen getan. Am Sonntag, dem 20. Juli 1969, um 21 Uhr 17 Minuten und 46 Sekunden mitteleuropäischer Zeit, und damit etwa eine Minute früher als vorgesehen, sind die beiden amerikanischen Astronauten Neil Armstrong (38) und Edwin Aldrin (39) an Bord ihres Raumschiffes

Allgemeine Zeitung

Mainzer Zeitung
Neuer Mainzer Anzeiger

Mainzer Anzeiger

Fünf Seiten:
Leben und Werk Konrad Adenauers

1 S 1112 - A

Nr. 92 / 117. Jahrgang / Preis 30 Pf ● ● ● Verlag und Redaktion: Mainz, Pressehaus, Große Bleiche 44—50 - Tel.-Sa.-Nr. 3 61 Donnerstag, 20. April 1967

Trauer um Altkanzler Konrad Adenauer

Der große alte Mann

Von Hermann Dexheimer

Bis in seine letzten Tage war er bereit, immer wieder aktiv an der politischen Verantwortung der Demokratie mitzutragen. Konrad Adenauer erhob Stimme und Zeigefinger als patriarchalischer Mahner der deutschen Politik auch dann noch, als er sich längst aus dem Palais Schaumburg auf den Ruhesessel des Altkanzlers und Ehrenvorsitzenden der Christlich-Demokratischen Union zurückgezogen hatte. Er konnte sicher sein, daß seine Argumente im Volk weiterhin Gehör fanden, auch wenn er dabei zuweilen die für ihn sprichwörtliche „Kunst der Vereinfachung" von Problemen allzu großzügig betrieb. Es war die Sorge um die Wahrung des in jüngere Hände übergegangenen politischen Erbes, die Adenauer im Ruhestand nicht ruhen ließ und ihn immer wieder drängte, in Interviews und Reden auf aktuelle politische Entwicklungen einzuwirken.

•

Als der Bundestagspräsident in jener historischen Bundestagssitzung vom 15. Oktober 1963 den scheidenden ersten Kanzler der deutschen Nach- … und hatte ein zweites Leben begonnen, das ihn in vierzehn Jahren zur einsamen Höhe geschichtlicher Größe emporführte. Als Bismarck, sein großes Vorbild, starb, war Adenauer Referendar und dachte an ein Amt auf dem Lande. Der Mann mit dem holzschnittartig konturierten „Indianer"-Antlitz und der bis ins hohe Alter hinein hochaufgerichteten Gestalt, wurde von der Wilhelminischen Zeit geprägt und gab der deutschen Geschichtsepoche nach Weimarer Republik und Hitlerzeit seinen persönlichen Stempel. Abneigung gegen alles Pathos, sein trockener Witz und die einfache Sprache sowie seine Art, die Regierungszügel straff zu führen, ließen ihn im Ansehen des deutschen Volkes rasch jenen Vertrauensplatz einnehmen, den früher Kaiser, Könige und Fürsten eingenommen hatten. Er wurde nach und nach so etwas wie ein absolut regierender demokratischer Patriarch. Das Volk war es zufrieden, wie die Wahlen immer wieder bewiesen.

•

Konrad Adenauer hielt als Skeptiker …

Nach dem Machtwechsel in Bonn: das neue Kabinett Willy Brandts / Bild- und Textporträts (Seite 3)

Allgemeine Zeitung

Mainzer Zeitung
Neuer Mainzer Anzeiger

Mainzer Anzeiger

Mainzer Tagblatt (gegr. 1814)
Mainzer Neueste Nachrichten 1 S 1112 A

Nr. 245 / 119. Jahrgang / Preis 30 Pf ●●●● Verlag und Redaktion: Mainz, Pressehaus, Große Bleiche 44—50 - Tel.-Sa.-Nr. 14 41 Mittwoch, 22. Oktober 1969

Willy Brandt neuer Bundeskanzler

Mit zwei Stimmen über der erforderlichen Mehrheit gewählt / Kiesinger kündigt faire Opposition an

Von unserer Bonner Redaktion

Ki. Bonn, 21. Oktober. - Der sechste Deutsche Bundestag hat am Dienstag den SPD-Vorsitzenden Willy Brandt zum Bundeskanzler gewählt. Mit Brandt wird zum erstenmal ein Sozialdemokrat Regierungschef in der Bundesrepublik. Seit der Wahl Konrad Adenauers 1949 war es das knappste Ergebnis: Brandt bekam mit 251 Stimmen nur zwei Stimmen mehr als die erforderlichen 249. Noch am selben Tag erhielt der neugewählte Bundeskanzler die Ernennungsurkunde aus der Hand von Bundespräsident Gustav Heinemann und legte vor dem Bundestag seinen Amtseid ab.

Zum erstenmal wurden in geheimer Abstimmung im Bundestag Wahlkabinen benutzt. Von den 496 stimmberechtigten Abgeordneten fehlte nur der erkrankte CDU-Politiker Paul Lücke. Von den 495 abgegebenen Stimmen lauteten 251 „ja" und 235 „nein". Vier vermutlich aus den CSU-Reihen abgegebene Stimmen waren ungültig, da sie Zusätze wie: „Nein danke", „armes Deutschland", oder Hinweise auf Bibelstellen enthielten. Fünf Abgeordnete — darunter vermutlich drei aus der FDP — enthielten sich der Stimme. Die 22 Berliner Abgeordneten, deren Stimmen gesondert gezählt werden, stimmten 14mal mit „ja" und achtmal mit „nein". Brandt war von Bundespräsident Gustav Heinemann, dessen Schreiben Bundestagspräsident Kai-Uwe von Hassel eingangs verlas, als einziger Kandidat dem Hause vorgeschlagen worden.

Welle von Glückwünschen

Unter stürmischem Beifall der Koalitionsfraktionen sagte der neugewählte Bundeskanzler: „Ja, Herr Präsident, ich nehme die Wahl an". Brandt, der damit im dritten Anlauf seit 1961 den Einzug ins Palais Schaumburg geschafft hat, nahm sichtlich bewegt die Glückwünsche seiner Parteifreunde entgegen. Unter den ersten Gratulanten waren auch der bisherige Bundeskanzler Kurt Georg Kiesinger, der CDU-Fraktionsvorsitzende Rainer Barzel und der Vorsitzende der CSU-Landesgruppe, Richard Stücklen. Der CSU-Vorsitzende Franz Josef Strauß betonte, er wolle Brandt schriftlich gratulieren.

„Ein bißchen stolz"

„Ich bin zufrieden, dankbar für das Vertrauen und ein bißchen stolz, daß ich dieses hohe Amt jetzt ausüben darf" sagte Bundeskanzler Willy Brandt in einem ersten Fernsehinterview nach dem Wahlgang. Der CDU-Vorsitzende Kiesinger hatte zuvor ebenfalls vor Fernsehkameras eine faire Opposition angekündigt. „Man wird sehen, wie lange es dauert", meinte Kiesinger unter Hinweis auf die von der CDU/CSU …

Wichtige Titelseiten aus den 60er Jahren. Berlin-Konflikt, Mond-Landung, Adenauers Tod und Kanzlerwahl von Willy Brandt.

Die Dampfbahn um 1910 auf dem Weg zum Fischtorplatz. In die andere Richtung, wenn es Richtung Anstieg Binger Straße geht, dampfen und qualmen die Maschinchen schon deutlich mehr.

32 Dampf am Obelisken

Der Neubrunnenplatz: Alte Verkehrsmittel, Protz der Kaiserzeit, Gutenberg-Buchhandlung und „Regina"

Der „Baedeker" ist so etwas wie die graue Eminenz unter den Reiseführern, der Doyen der Stadt-, Land und Kulturbeschreiber – und ausgerechnet der nennt die Große Bleiche die „ansehnlichste Straße von Mainz". Nun ist jener Autor nicht von allen guten Geistern verlassen, denn die wundersam löblichen Worte stehen in der Ausgabe von 1912. Und da zeigt sich die Straße von ihrer besten Seite. Heute finden sich nur noch vereinzelt Punkte, an denen das Verweilen lohnt – einer davon ist der Neubrunnenplatz.

Sicher, der Neubrunnen mit seinem „42 Fuß hohen Obelisk in ägyptischem Geschmack", wie es 1840 in „Mainz und seine Umgegend" heißt, wirkt heute inmitten karger Nachkriegsbauten anachronistisch. Aber ein formschöner Blickpunkt ist er heute wie damals. Als der Kurfürst ihn 1728 erbauen lässt, dient der anfänglich nach ihm „Schönborn" genannte Brunnen der Wasserversorgung, wie der Reiseführer schreibt: „Derselbe erhält sein gutes Trinkwasser durch eine 1842 erneuerte Leitung vom Dorfe Bretzenheim, eine halbe Stunde vor der Stadt."

Da ist der Platz beschaulich, barock, still. Die neue Zeit kommt 1898 mit der Gesellschaft „Casino Hof zum Gutenberg", der das Stammhaus Schuster- / Ecke Christophsstraße abgebrannt ist. An der Ostecke des Platzes zur Großen Bleiche erbaut sie ihr neues Gebäude und 1904 klotzt die Volksbank einen mächtigen Neubau an die Ecke zur Neubrunnenstraße.

Es ist die neue Zeit der stramm aufwärts gezwirbelten Schnurrbärte, in der der Neubrun-

Der Platz um 1900. Links das 1898 eröffnete Haus der Gesellschaft „Casino Hof zum Gutenberg".

nenplatz seine feine Zurückhaltung aufgibt. Nur noch die Burse, die alte Universitätsbibliothek, später Stadtbibliothek, an der Westecke kündet bis zum Untergang von der Vornehmheit alter Tage.

Heute, da vielleicht bald schon Straßenbahnschienen durch die Große Bleiche führen sollen, ist nicht jeder über die Gleise glücklich. Dabei ist die Große Bleiche schon immer eine Achse des öffentlichen Nahverkehrs, früher deutlich mehr als heute. Alle Verkehrsträger, die es je in Mainz gegeben hat, sind hier durchgerollt: von der Pferdebahn über die Dampfbahn und die elektrische Straßenbahn bis hin zu Bussen mit Oberleitung und all den anderen Antriebsarten.

Gerade die Dampfbahn ist heute unvorstellbar und die einstige Begleitmusik zu ihrer Einführung klingt wie heute bei der Citybahn. So wür-

Links die 1904 erbaute Volksbank, vor der die Straßenbahn in Richtung Boppstraße und Mombach ihre Endhaltestelle hat. Vor der Casino-Gesellschaft die Dampfbahn.

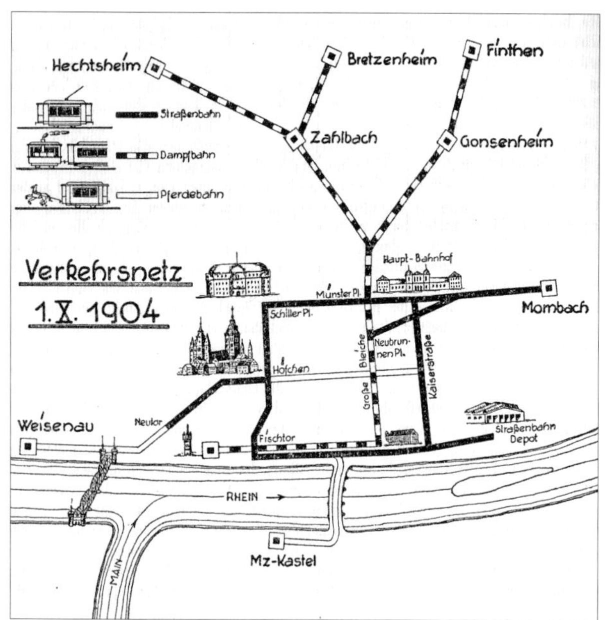

1904 gibt es drei Verkehrsträger, die ein recht großes Netz bedienen.

Oben die Einmündung der Lotharstraße 1945. Unten der Platz 1949, als die Volksbank neu aufgebaut wird.

den die langen Züge den Verkehrsfluss hemmen und die Häuser erzittern lassen, hieß es einst ... Und in der Tat empfanden viele den Rauch der Lokomotiven selbst in Zeiten, da überall mit Kohle geheizt wurde, als störend.

Die kleinen Loks sollen zwar in der Stadt nicht viel Dampf machen, erhalten gar eine moderne Dampfrückgewinnung, aber wenn gleich zwei Maschinen einen Sechs-Wagen-Zug ziehen und den steilen Berg zum Alicenplatz angehen, qualmt es schon. 1908 passieren teils mehr als 60 Züge den Neubrunnenplatz von morgens um Viertel vor 6 bis abends 10 Uhr ...

Aber die Vorortbahn ist wichtig, bringt Gonsenheimer und Finther, Bretzenheimer und Hechtsheimer nach Mainz, lange bevor die „Elektrisch" kommt. Gerade an Markttagen sind die Züge überfüllt. Die eine Strecke kommt vom Fischtor und führt über Große Bleiche, Münsterplatz, Alicenbrücke, heutige Saarstraße und quer übers Münchfeld nach Gonsenheim und weiter nach Finthen. Die Strecke nach Hechtsheim zweigt von der Binger Straße in die Untere Zahlbacher ab, zweigt an der Lindenmühle nach Bretzenheim ab, während die Hauptstrecke über die Alte Ziegelei zum Jägerhaus führt und weiter nach Hechtsheim. Bis 1923.

Die elektrische Straßenbahn rollt ab 1904 vom Neuen Brunnen über Boppstraße und KW-Ring bis Mombach. Und auch der Länge nach wird die Große Bleiche durchfahren, bis am 8. September 1944 die Oberleitung zerstört wird. Nach dem Krieg geht die Straßenbahn hier nicht mehr in Betrieb.
Die Große Bleiche bleibt lange Trümmerwüste. Einer der ersten, der aufbaut, ist Juwelier Weiland, vormals Klarastraße, der 1950 an der Ecke zur Lotharstraße das „Haus der Goldschmiedekunst" baut. Mit der feinen Travertin-Fassade ist es der Gegenpol zu den vielen Notbauten. Und als 1954 die Casino-Gesellschaft „Hof

Ford 15m de Luxe (l.) und Opel Kapitän vor dem Neubrunnen und den Neubauten von Volksbank und Casino-Gesellschaft (r.). Erster und wichtigster Mieter im Eckgebäude ist die Gutenberg-Buchhandlung, die 60 Jahre besteht. Heute ist hier tote Hose.

zum Gutenberg" ihr Ruinengrundstück aufbauen will und einen Mieter sucht, der sich finanziell beteiligt, gibt Buchhändler Dr. Josef Kohl einen Zuschuss. Die Gutenberg-Buchhandlung ist 60 Jahre treuer Mieter, bis kurz vor Weihnachten 2014 die kühle Kündigung der Casino-Gesellschaft kommt.

Mit der Buchhandlung ist ein wichtiger Anziehungspunkt weg. Heute herrscht in den Kolonnaden die sprichwörtliche tote Hose, die Schaufenster zum Neubrunnenplatz sind zugeklebt. Vorbei die Zeiten, als ich mich mit den neuerworbenen Büchern zum samstäglichen Schmökern ins Café „Pomp" zurückzog.

Gegenüber vom „Pomp" gibt es die Restaurant-Bar „Maxim". Dort eröffnete 1909 mit dem „Union-Theater" eines der ersten Mainzer Lichtspielhäuser, mit einem „nicht überbietbaren Weltstadt-Wunderprogramm", wie es damals in aller Bescheidenheit heißt. Das Union bleibt nicht lange, aber der Kino-Standort ist äußerst langlebig. Über Jahrzehnte ist hier das „Regina" ansässig, dann ein paar Jahre bis 1996 das „Broadway", bevor das Kino zum Restaurant umgebaut wird.

Das „Regina"-Kino ist zumindest in der Spätphase dafür bekannt, dass dort Hau-drauf-Streifen und Sexfilmchen à la „Emmanuelle" laufen. Eine gewisse Beliebtheit hat das Filmtheater bei der jüngeren Klientel, weil man bei den Spätvorstellungen über die Mittlere Bleiche und einen dunklen Hinterhof zu den Kino-Toiletten kommt und von dort unbemerkt in den Saal. Kostenlos und unkontrolliert.

Das Union-Theater eröffnet 1909, später findet sich hier das „Regina".

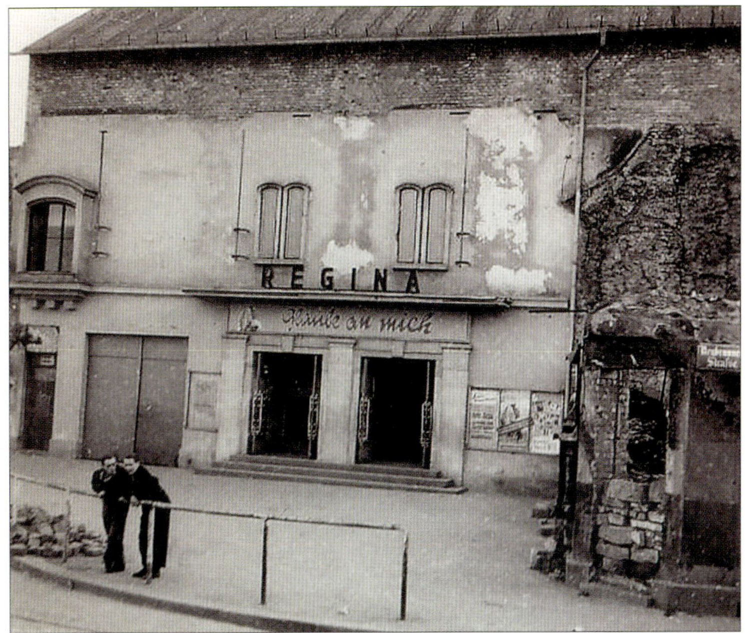

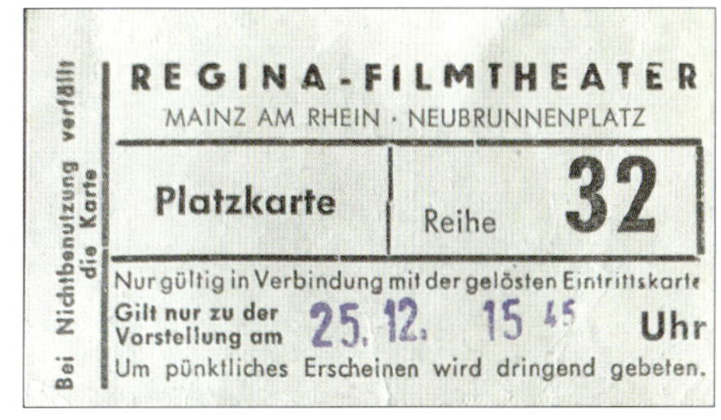

REGINA

REGINA-FILMTHEATER
MAINZ AM RHEIN · NEUBRUNNENPLATZ
Platzkarte
Reihe
32
Nur gültig in Verbindung mit der gelösten Eintrittskarte
Gilt nur zu der Vorstellung am 25. 12. 15 45 Uhr
Um pünktliches Erscheinen wird dringend gebeten.
Bei Nichtbenutzung verfällt die Karte

Drucksache
POSTKARTE
(22b) MAINZ
26.9.50-17
DER ERSTE NEUE DEUTSCHE FARBFILM
URAUFFÜHRUNG
SCHWARZWALDMÄDEL
Besorgen Sie sich auf diese freigemachte Karte und auf jede frankierte Postsendung den 1. Filmsonderstempel der Deutschen Bundespost im Sonderpostamt „Schwarzwaldmädel"
Täglich während der Laufzeit in unserem Theater.
Herzog-Film, Zentrale München
Herrn
Ing. Rolf Musel
Mainz
Hechtsheimerstrasse 7
REGINA
Filmtheater Mainz

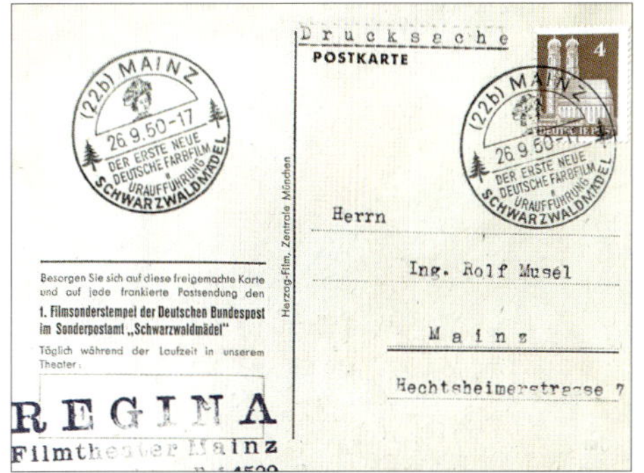

Der erste neue deutsche Farbfilm
Schwarzwaldmädel

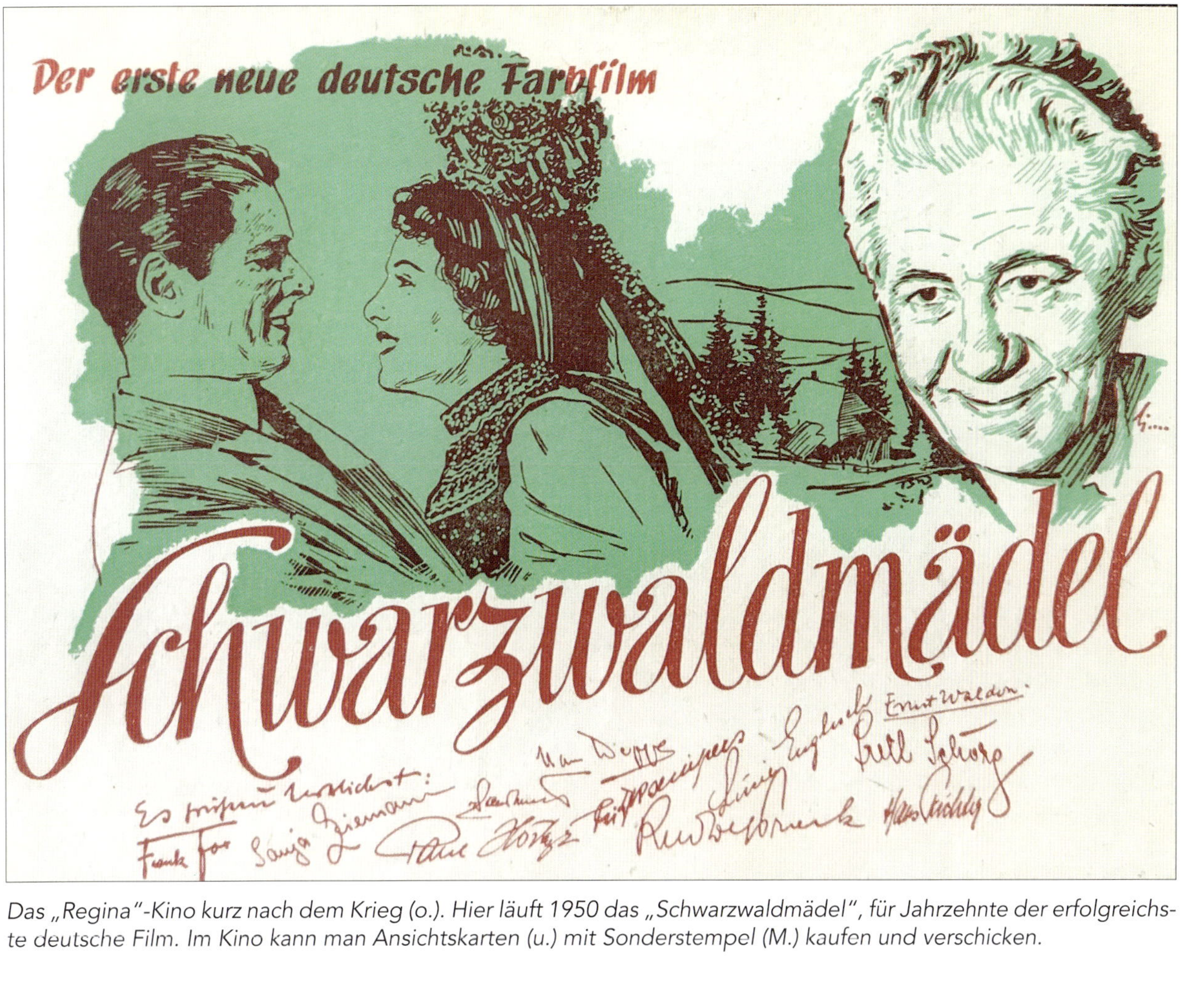

Das „Regina"-Kino kurz nach dem Krieg (o.). Hier läuft 1950 das „Schwarzwaldmädel", für Jahrzehnte der erfolgreichste deutsche Film. Im Kino kann man Ansichtskarten (u.) mit Sonderstempel (M.) kaufen und verschicken.

Große Bleiche 1945, links der Stadioner Hof, dahinter die Fassaden-Werbung des Ufa-Palasts.

33 Die Hölle am Ufa-Palast

Feuersturm am 27. Februar 1945 / Die große Kino-Welt mit 1200 Plätzen

Furchtbare Szenen spielen sich am 27. Februar 1945 überall in Mainz ab. Wenn Zeitzeugen und Zeitzeuginnen aber immer wieder einen Ort nennen, an dem es noch schlimmer gewesen sei, wenn sie davon nur als der Hölle sprechen, kann man das Grauen erahnen. Die Rede ist von der Großen Bleiche, insbesondere vom Abschnitt zwischen Münster- und Neubrunnenplatz. Der damals 14-jährige Norbert S. will am Abend nach dem verheerenden Angriff vom Kupferbergkeller zur Langgasse und kommt nur bis zum Münsterplatz: „Da lag das Tor zur Hölle."

Die Große Bleiche ist die Straße des Todes. Dort wütet der Feuersturm, der Menschen ins Feuer saugt oder ihnen den Sauerstoff entzieht. Ein Junge erstickt mit seiner Mutter mitten auf der Umbach. Und die Menschen, die im Ufa-Palast während der Vorstellung überrascht werden, auf die Straße stürzen, um noch einen Bunker zu suchen, verbrennen auf dem Holz-

Kaiserliche Zeiten. Das pompöse Eckhaus steht an der Einmündung der Umbach.

Palast-
Restaurant
Grosse Bleiche 15 „Kurfürst" Grosse Bleiche 15
(früher Palais der Grafen von Stadion und Kommandantur der Bundesfestung Mainz, erbaut 1728—1733.)
Erstes u. schönstes Restaurant am Platze.
Historisch und künstlerisch einzigartige Sehenswürdigkeit.
Jeden Abend grosses Konzert

Der Stadioner Hof, Adelspalast von 1733, der in napoleonischer Zeit Justizpalast, danach Sitz der Vize-Militärgouverneure ist. Um 1910 eröffnet hier das vornehme Palast-Restaurant Kurfürst, bevor 1923 die Dresdner Bank einzieht und als erstes die herrliche Treppenanlage herausreißt. Unten die Schalterhalle der Bank.

pflaster bis zur Unkenntlichkeit. Viele dieser Menschen gelten seit jenem Tag als vermisst.

Welch schlimmes Ende einer fast schon imperialen Straße, die lange Zeit die einzige ist, die sich praktisch schnurgerade durch die Stadt zieht. Schon Napoleon I. zieht hier in die Stadt, später auch Wilhelm II., wenn er von den Kaiserparaden auf dem Großen Sand zurückkehrt. Die Straße ist auch breiter als die meisten anderen der Stadt, zielt gradlinig auf Schloss und Deutschhaus, auf Brücke und Anleger. Zu Fronleichnam zieht die Prozession zum Neubrunnenplatz, wo ein Altar steht, und am Rosenmontag jubelt man hier dem Zug zu.

Man könnte sagen, dass immer etwas los ist auf der Großen Bleiche, zumal auch sonstige Vergnügungen nicht zu kurz kommen. Das „Brauhaus zur Stadt Mainz" gehört dazu, das nicht viel weniger als die Hälfte der Straße zwischen Münsterplatz und Umbach einnimmt und einen Saal für Hunderte Besucher und Besucherinnen bietet. Und schräg gegenüber im Stadioner Hof von 1733 erlebt man das edle Restaurant „Kurfürst" vor dem Ersten Weltkrieg mit seinem wundervoll barockem Ambiente.

Das Adelspalais ist ab 1798 Sitz des französischen Regierungskommissars für die linksrheinischen Departements, dann Justizpalast und von 1816 bis 1890 Festungskommandantur, ab 1910 Restaurant und seit 1923 ist es schließlich Sitz der Dresdner Bank. Die reißt in einem Akt der Kulturbarbarei alsbald die wunderbare Treppenanlage heraus und ist doch seit einigen Jahren selbst Geschichte.

Wichtigster Ort des Vergnügens ist über Jahrzehnte der 1929 eingeweihte Ufa-Palast. Die mächtige Filmproduktion Ufa baut vielerorts große Kinos und der Mainzer Palast hat immerhin 1200 Plätze, 300 mehr als der in Wiesbaden. Stummfilme werden von 20 Musikern begleitet, dazu gibt es eine Orgel. Fürs Vergnügen vor oder nach dem Kino empfehlen sich der Ufa-Keller, ein Café und ein Billardsaal. Wie viele Kinobesucher an jenem furchtbaren Februardienstag 1945 im Ufa-Palast oder davor auf der Großen Bleiche sterben, wird für immer ungeklärt bleiben. An jenem Nachmittag geht das Lichtspielhaus mit der gesamten Umgebung unter und es dauert vier Jahre, bis der Essener Hans Wehrum das Kino als Film-Palast neu eröffnet. Mit der Aufführung des 1944 im vor Bomben sicheren Prag gedrehten Colorfilms „Die Fledermaus" mit Marte Herell, Johannes Heesters und Willy Fritsch beginnt die Nachkriegsära.

Kino ist das große Vergnügen fürs kleine Geld und vor allem Heimatfilme wie das „Schwarzwaldmädel" bieten wunderbare Ablenkung vom Trümmerleben. Aber auch die wunderbare Welt der Zeichentrickfiguren erobert die Leinwand. Am 28. Februar 1951 läuft im Filmpalast der bereits 1937 in USA produzierte und weltweit erfolgreiche Disney-Streifen „Schneewittchen" an – in der deutschen Synchronisation aus der Vorkriegszeit. Da der Ankauf für Deutschland nicht zustande kommt, wird der Film Anfang 1938 in Amsterdam für die Schweiz und den Markt im noch selbstständigen Österreich hergestellt. Bei etlichen Sprechern handelt es sich um emigierte deutsche Schauspieler. Als im Filmpalast 1951 die Stimme von Dora Gerson als böse Königin erklingt oder die von Otto Wallburg als Zwerg „Chef", da sind beide schon acht und sieben Jahre tot – vergast im Vernichtungslager Auschwitz.

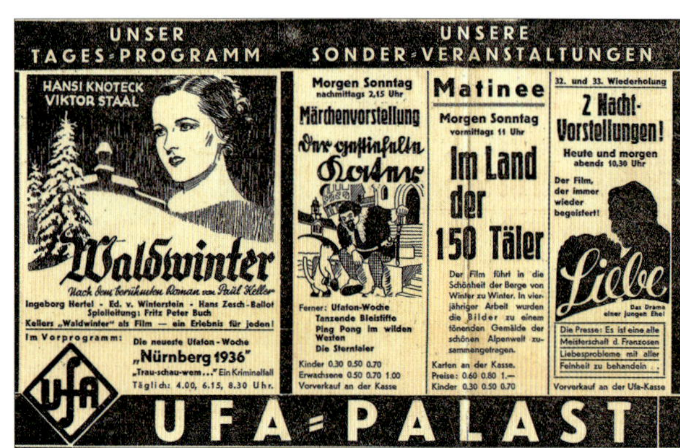

Kino-Werbung aus dem „Mainzer Anzeiger" von Ende 1936.

Die Straße ist trümmerfrei, aber auch 1948 ist die Große Bleiche noch immer von Ruinen gesäumt.

Der Wettbewerb ist hart und als das „Capitol" in der Neubrunnenstraße als erstes Mainzer Kino Cinemascope bietet, das Breitbildverfahren der 20th Century Fox, muss auch Wehrum nachziehen. „Eine Riesenleinwand von fünfzehn Metern Breite", jubelt die AZ. Zur Premiere im Januar 1954 läuft der Bibel-Monumentalstreifen „Das Gewand" mit Richard Burton.

Der Niedergang der Großen Bleiche macht sich auch am Kino fest. Wird durch die hinzugebaute „Filmpalette" die Kapazität schon verringert, baut Neubesitzer und Kino-Multi Reiss Anfang der 80er den einstigen Palast ins CC-Kinocenter mit sieben Schuhschachtelkinos um. CC 1 bis CC 7 haben ein Fassungsvermögen von 372, 80, 108, 78, 108, 102 und 77 Plätzen und im Keller gibt es nicht mehr die „Palast-Betriebe", sondern das leicht niveaubefreite Mainzeldorf.

Drinnen Vergnügen, draußen Verkehr – und davon jede Menge. Die Große Bleiche ist schon in den 30ern Sorgenkind der Polizei. Gleich

1951 läuft Walt Disneys „Schneewittchen" im Filmpalast an, dem vormaligen Ufa-Palast.

mehrere Unfallschwerpunkte gibt es, und geparkt wird, wie's grad passt, bis in den 30ern ein Parkverbot von 11 bis 19 Uhr erlassen wird, das 1940 sogar auf Fahrräder ausgeweitet wird – die Strafe beträgt eine Mark. Zur Abschreckung lässt die Polizei kurzerhand 15 falschgeparkte Räder ins Präsidium bringen.

Weil der Verkehr immer mehr zunimmt, wird 1937 die Zurücksetzung der Bauflucht auf der Südseite um zehn Meter beschlossen, aber noch nicht umgesetzt. Dafür schaffen dann die Bomben Platz, die auf dieser Seite nur die Kaufhalle übrig lassen. Die kann nicht zurückgesetzt werden, erhält dafür im Erdgeschoss eine Kolonnade. Alle anderen Hausbesitzer verlieren etliche Meter ihrer Grundstücke, wobei die Vergütung, so heißt es, äußerst bescheiden gewesen sein muss.

Rosenmontag 1954 vorm Filmpalast, in dem gerade „Das Gewand" läuft. Mit diesem Monumentalstreifen wird in dem Kino die überbreite Cinemascope-Leinwand eingeweiht.

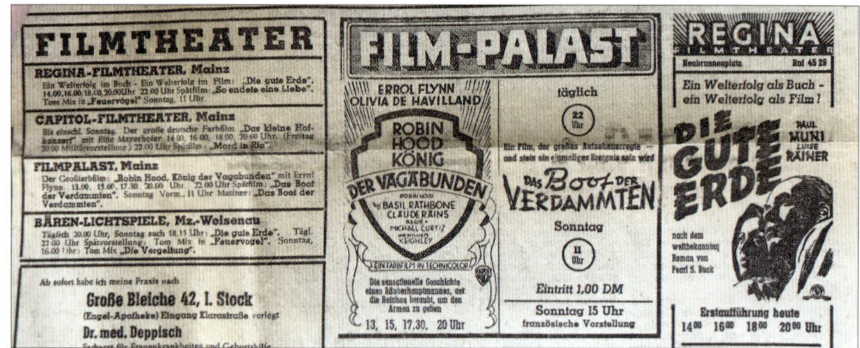

FILMTHEATER

REGINA-FILMTHEATER, Mainz
Ein Welterfolg im Buch - Ein Welterfolg im Film: „Die gute Erde". 14.00, 16.00, 18.00, 20.00 Uhr 22.00 Uhr Spätfilm: „So endete eine Liebe". Tom Mix in „Feuervögel" Sonntag, 11 Uhr.

CAPITOL-FILMTHEATER, Mainz
Bis einschl. Sonntag. Der große deutsche Farbfilm „Das kleine Hofkonzert" mit Elfie Mayerhofer. 14.00, 16.00, 18.00, 20.00 Uhr. (Freitag 20.00 Militärvorstellung.) 22.00 Uhr Spätfilm: „Mord in Rio".

FILMPALAST, Mainz
Der Großfarbfilm: „Robin Hood, König der Vagabunden" mit Errol Flynn. 13.00, 15.00, 17.30, 20.00 Uhr. 22.00 Uhr Spätfilm: „Das Boot der Verdammten". Sonntag Vorm., 11 Uhr Matinee: „Das Boot der Verdammten".

BÄREN-LICHTSPIELE, Mz.-Weisenau
Täglich 20.00 Uhr, Sonntag auch 18.15 Uhr: „Die gute Erde". Tägl. 22.00 Uhr Spätvorstellung: Tom Mix in „Feuervogel". Sonntag, 16.00 Uhr: Tom Mix „Die Vergeltung".

Ab sofort habe ich meine Praxis nach
Große Bleiche 42, I. Stock
(Engel-Apotheke) Eingang Klarastraße verlegt
Dr. med. Deppisch

FILM-PALAST

ERROL FLYNN
OLIVIA DE HAVILLAND
ROBIN HOOD KÖNIG DER VAGABUNDEN
BASIL RATHBONE
CLAUDE RAINS
REGIE: MICHAEL CURTIZ
EIN FARBFILM IN TECHNICOLOR
Die sensationelle Geschichte eines Räuberhauptmannes, der die Reichen beraubt, um den Armen zu geben
13, 15, 17.30, 20 Uhr

täglich
22 Uhr
Ein Film, der großes Aufsehen erregte – und stets ein einmaliges Ereignis sein wird
DAS BOOT DER VERDAMMTEN
Sonntag
11 Uhr
Eintritt 1,00 DM
Sonntag 15 Uhr
französische Vorstellung

REGINA
FILMTHEATER
Neubrunnenplatz Ruf 45 28
Ein Welterfolg als Buch - ein Welterfolg als Film!
DIE GUTE ERDE
PAUL MUNI
LUISE RAINER
nach dem weltbekannten Roman von Pearl S. Buck
Erstaufführung heute
14⁰⁰ 16⁰⁰ 18⁰⁰ 20⁰⁰ Uhr

Zur Aufführung von „Skandal um Dodo" kamen 1958 die Darsteller Olive Moorefield, Kai Fischer, die Wiesbadenerin Karin Dor und Oskar Sima (v.l.) in den Filmpalast. Rechts unten die Große Bleiche um 1965.

Stadtplan für die Kapitel 34 bis 39. Oben die Große Langgasse, die noch nicht durchgehend ist.

34 Vom Gässchen zur Rollbahn

Erinnerungen an die Große Langgasse / Von Kolonialwarenläden und dem Nachtleben der Achtziger

Zu den Innenstadtstraßen, die einen brutalen Wandel erlebt haben, gehört die Große Langgasse. Sie wird zerbombt, liegt bis Ende der 1950er brach, mutiert dann zur vierspurigen Asphaltschneise, um nun sozusagen renaturiert zu werden. Wenigstens ein Stück weit. Nach anderthalbjährigen Bauarbeiten war es Ende 2019 soweit, nun gibt es nur noch zwei schmale Spuren. Von denen allerdings schon eine so breit ist, wie einst die gesamte Straße vor dem Krieg. Damals ist die Langgasse auch noch nicht so lang, sondern endet in Höhe Emmeransstraße, um sich in zwei noch schmalere Gässchen aufzuteilen.

„Für Leute, die Angst vor geraden Linien haben, ist Mainz ein unvergleichlicher Aufenthalt. Die Straßen, die ich durchquerte, sind eng gewunden und hören jäh auf ...", spottet Mitte des 19. Jahrhunderts der Franzose Xavier Boniface Saintine. Und an diesem Zustand ändert sich bis zum Zweiten Weltkrieg wenig. Seit Beginn der 1930er nimmt zwar die Zahl der Autos zu, aber nach wie vor gibt es in der Altstadt ausreichend breite und gradlinige Verbindungen zum Rhein hin. Und so wie die meisten Straßen sieht auch die Große Langgasse aus: eng, mit holprigem Pflaster und sich im Altstadt-Mäander verlierend.

Die Große Langgasse ist einst so breite wie heute eine Fahrspur. Bei Nazi-Feiertagen achtet der Blockwart auf die Beflaggung, aber Riesenfahnen sind keine Pflicht.

Es ist eine kleine Welt für sich, so eine alte Mainzer Gasse. In der Großen Langgasse gibt es sechs Metzgereien, vier Kolonialwarenläden, drei Bäckereien, einen Zigarettenladen, ein Möbelgeschäft, eine ansehnliche Druckerei, einen Friseur, einen Lebensmittelgroßhändler, eine technische Großhandlung und natürlich eine Wirtschaft – alles kleine Läden, die ein bescheidenes Auskommen bieten. Und die Bewohner und Bewohnerinnen der Gasse, vor allem Kinder und Alte, müssen ihr Viertel kaum verlassen.

Ein alter Mainzer, der hier aufgewachsen ist, erinnert sich: „Es gab Metzger für Rindfleisch, andere für Schweinefleisch und Wurst und einer hatte nur Hammelfleisch." In den Kolonialwarenläden werden keine Spirituosen oder Schokolade verkauft, und auch für Milch, Käse und Eier gibt es eigene Läden. „Die Milch habe ich in einer kleinen Kanne geholt, ein oder zwei Liter. Und die wurde dann daheim gleich verbraucht, damit sie nicht sauer wurde."

Der Senior erinnert sich: „Meine Mutter schickte mich öfter zum Einkaufen in den kleinen Lebensmittelladen von Rackes." Es ist ein winziges Häuschen mit niedriger Ladendecke. Es gibt Mehl, Zucker und Salz in großen Schubladen und je nach Bedarf werden sie in Papiertütchen gefüllt. Marmelade wird aus Blecheimern geholt, Sauerkraut aus kleinen Fässern. Fast alles gibt es lose, „nur Waschmittel wie Persil war schon abgepackt." Und da es keine Selbstbedienung gibt, dauert der Einkauf auch. Die Frauen halten gerne mal ein Schwätzchen. Man hat ja Zeit.

Die Welt des Jungen ist die Langgasse. Wenn er nicht draußen ist, blickt er durch ein hohes Sprossenfenster, das aus acht Feldern besteht, hinaus. „Ein Feld rechts unten hat man für mich

Eng und dicht bebaut ist die Langgasse. Die Bebauung brennt beim Angriff vom 27. Februar 1945 wie Zunder.

zum Öffnen umbauen lassen und so konnte ich als kleiner Junge alles, was auf der Straße vorging, beobachten." Zum Beispiel den Metzger Grünewald, wenn der morgens mit angelegter Schnurrbartbinde gegenüber im ersten Stock aus dem Fenster schaut.

Dann kommen regelmäßig Lehrlinge auf Fahrrädern und holen Frühstück in der Metzgerei Falck, ein Haus weiter. Falck, eine reine Schweinemetzgerei, bekommt das Fleisch angeliefert. Unterm Verdeck des Pferdefuhrwerks hängen Schweinehälften oder -viertel, die der Metzgersbursche auf dem Rücken ins Haus trägt. Regelmäßig kommt auch ein Fuhrwerk vom Altmünster-Kühlwerk in der Walpodenstraße, um Stangeneis abzuladen.

Die Langgasse ist eng, die meiste Zeit liegen die Häuser im Dunkeln, und doch strahlt das Viertel Geborgenheit aus. Bis zum 27. Februar 1945, als ab halb fünf am Nachmittag alles ausgelöscht wird. Die alten Häuser brennen wie Zunder. Nicht ein Haus bleibt.

In den ersten Monaten nach dem schweren Angriff bleibt nurmehr ein schmaler Weg zwischen den Trümmern. Und noch viele Jahre nach dem Krieg ist die Gegend kaum bebaut, sieht aus wie eine Steppe.

Eine Wüstenei entsteht und fast 15 Jahre ändert sich nichts daran. Das alte holprige Pflaster und die Bordsteinkanten bleiben, auch wenn an der Straße keine Häuser mehr stehen. Noch im Adressbuch 1954/55 wird nur ein Haus aufgeführt, bei den anderen Nummern steht lapidar „zerstört". Als erster größerer Komplex entstehen um die Mitte der 1950er die Gebäude des sogenannten Ämterhauses, schräg gegenüber der Einmündung der Steingasse bis zur Kleinen Langgasse, die zur Bezirksregierung im erhalten gebliebenen Erthaler Hof gehören.

Dort hat, so weiß Zeitzeuge Harald Neise, die motorisierte Gendarmerie ihren Mainzer Stützpunkt. Die ist damals für Kreis- und Landesstraßen außerhalb der Stadt zuständig, hat im Hof zur Langgasse die Garagen für die weißen Streifenwagen. „Die hatten bessere Fahrzeuge als die Polizei in der Stadt", so Neise. „Ich erinnere mich, dass ihre wohl ersten weißen Wagen vom Typ Opel Kapitän waren. Später kamen Mercedes und dann auch Ford hinzu."

Mitten in der Einöde entstehen 1957 Residenz- und Prinzess-Kino – aber die Gegenseite bleibt öd und leer, ein riesiger Parkplatz. Erst Ende des Jahrzehnts bewegt sich Entscheidendes, wenn auch nicht zum Besten, als die Stadt sich entschließt, für des Bürgers neuestes und liebstes Kind eine vierspurige Rollbahn zu bauen. Als Beginn der Altstadttangente, die den wachsenden Verkehr um die City herumlenken soll. In den 1970ern wird die Tangente jenseits der Lu fortgesetzt, gerät aber nicht mehr so monströs wie die Langgasse.

Die Randbebauung bleibt stets Stückwerk: Große Klötze, unscheinbare Blocks sowie klei-

1957 wird der „Residenz" / „Prinzess"-Kinokomplex eröffnet und die Straße als Teilstück der Altstadttangente verbreitert (o.r.). Für Jahrzehnte laufen hier die Top-Filme, aber auch dank „Kino-Klause" und „Axels Club" ist die Residenzpassage rüber zur Schillerstraße immer gut besucht.

ne Provisorien für die Ewigkeit. Die Bauflucht, sofern sie als solche überhaupt angedacht war, wird dauernd unterbrochen von beliebig zurückgesetzten Bauten, deren vorgelagerte kleine Plätze doch nur zugeparkt sind. Urbanes Leben? Fehlanzeige.

Doch mit dem Umbau der Langgasse zwischen Frühjahr 2018 und Spätherbst 2019 hat die Große Langgasse nun wirklich wieder eine Chance. Schmalere Fahrspuren mit zwei Minikreiseln, die den Verkehr dämpfen, breiterer Fußgängerbereich, kleine Plätze, insgesamt alles freundlicher – das ist die richtige Richtung. Und an die Klagen über die Bauzeit, über Staus, Lärm und so weiter wird sich schon im Sommer beim kühlen Bier auf der Insel keiner mehr so richtig erinnern. So, wie auch die viel bemeckerte Mainzelbahn heute längst eine gern angenommene Selbstverständlichkeit ist …

Was heute nicht mehr in großer Erinnerung ist: Die Große Langgasse hat in den 1980ern zwei Hotspots des Nachtlebens. Zu jener Zeit, da in der Innenstadt auch am Wochenende um zwei Uhr der Hammer fällt. Dann strömt alles in die „Schachtel" zwischen Emmeransstraße und Welschnonnengasse und in die „Alt-Mainzer Stubb" (heute „Sixties") an der Ecke zur Kleinen Langgasse. Beide haben eine Konzession bis vier Uhr, wobei in der „Stubb" auch noch die Küche offen ist. Wer also nach drei Uhr noch Lust auf ein Cordon Bleu mit Kroketten hat, ist dort richtig. Schließlich kommen so spät auch noch die Damen aus den Nachtbars oder dem „Crazy" mit ihren Begleitern zum späten Abendessen.

Viele Jahre ziert Marilyn Monroe die hohe Fassade des Residenzkinos, bevor es 2018 erst entkernt und dann abgerissen wird.

Blick von der Steingasse bis zur Kaufhalle und weiter zum Münsterplatz und zur Hauptpost.

35 Was das Narrenherz begehrt

In der Steingasse gibt es jahrzehntelang bei Jacques Herrmann Orden, Kappen und Kostüme

Für kleine Kinder, große Kinder und Narren aller Couleur ist die Steingasse über Jahrzehnte die Adresse schlechthin. Bei „Spielwaren Sonntag" drücken sich nicht nur die Kleinen die Nasen platt und bei Jacques Herrmann an der Ecke zur Langgasse sind die Fastnachter daheim. Da bestellen sie Orden und Kappen, gibt es Kostüme aller Art, aber auch Pokale für Sportler und zu Silvester Feuerwerk. Traditionsgeschäfte – aber schon lange nur noch Geschichte.

In den Anfängen firmiert Jacques Herrmann in der Emmeransstraße 28 unter „Cigarrengeschäft und Feuerwerkerei", bevor er in den 1920ern in die Steingasse 2 zieht, an die Ecke zur Großen Langgasse und zur Umbach, die sich dort einst zu einem kleinen Platz weitet. Im Adressbuch 1924/25 lautet der Eintrag: Herrmann, J.; Feuerwerkerei.

Bald nach der Zerstörung 1945 ist sein Neubau einer der ersten in der Wüstenei. Ein typisches Gebäude der Aufbauzeit mit großflächigen Schaufenstern unter weit auskragendem Vordach und einer farblich von den seitlichen Flügeln abgesetzten, fast fensterlosen Fassade über dem Haupteingang mit Blickrichtung Große Bleiche. In der findet sich einzig ein breites, leicht vorstehendes Blumenfenster sowie die große Leuchtschrift: „Jacques" steht horizontal unterm vorstehenden Dach, „Herrmann" vertikal, wobei sich die Schriftzüge im „E" kreuzen.
Als 2008 der Laden schließt, schreibt Fastnachts-Urgestein Joe Ludwig in seiner AZ-Kolumne „So sieht's Mainz": „Erinnerunge bleiwe zurück. An die tausenderlei Hütcher, die mer vor un hinner de Thek uffprobiert hawe, bis mer die richtige hat'. An die Fähncher, die bei ausländische Besucher uff de Tisch stehe sollte. Un wenn des von de Fitschi-Insele grad nit do war, hot er's ruckzuck besorgt." Inhaber ist

Die noch unzerstörte Steingasse von der Rosengasse aus, heute Kolpingstraße. Das Verkehrsschild mit den fünf Punkten bedeutet: „Gesperrt für Fahrzeuge aller Art".

lange „de Rakete-Schorsch", Schwiegersohn von Jacques Herrmann, „der in Meenz jeden gekennt hot, der mehr wie dreimol am Tag lacht". In der Prinzengarde ist er Komiteeter, „un die hawe'm den Name Rakete-Schorsch gewe, weil er aach für Feierwerke aller Art zuständig war".
Die Steingasse ist 1945 ausgelöscht und es dauert lange, bis sie neu entsteht. Sie wird wieder eine Geschäftsstraße, wobei nur sehr wenige Geschäfte sich über Jahrzehnte gehalten haben. Eines ist ein Jagdwaffengeschäft, das damals tatsächlich einem Herrn Jäger gehört.

Erst 1962 ist auch das letzte Trümmergrundstück wieder bebaut. Die typischen Wirtschaftswunderbauten sind heute alle mehr oder minder verändert, nur am Verbindungsweg rüber zur Welschnonnengasse haben sich einige der typischen Wohnbauten schön erhalten. In dem kleinen Sträßchen mit gepflastertem Rinnstein finden sich sogar noch vier gemauerte Garagenbauten jener Zeit mit den damals üblichen zweiflügligen Holztoren. Dass so etwas geblieben ist, ist einfach schön.

Dagegen ist der „Spielwaren Sonntag" längst Vergangenheit. Erst 1960 entsteht das Haus auf einem Trümmergrundstück und bald schon findet sich hier „Das Haus für Hobby und Spiel". Das Geschäft reicht zwar in Größe und Angebot nicht an den legendären „Kinderladen" heran, hat aber sein Stammpublikum und seine lange Schaufensterfront bietet zumal in der Vorweihnachtszeit immer Gelegenheit, innezuhalten und zu schauen. Manch erwachsener Mann bekommt dort strahlende Kinderaugen.

Am 13. Januar 1984 erlangt die Steingasse dann bundesweite, wenn auch traurige Berühmtheit. Eduard Zimmermann, Chef der ZDF-Fahndungssendung „Aktenzeichen XY ... ungelöst" stellt den Fall des jungen iranischen Studenten Reza S. vor, der im Juni des Vor-

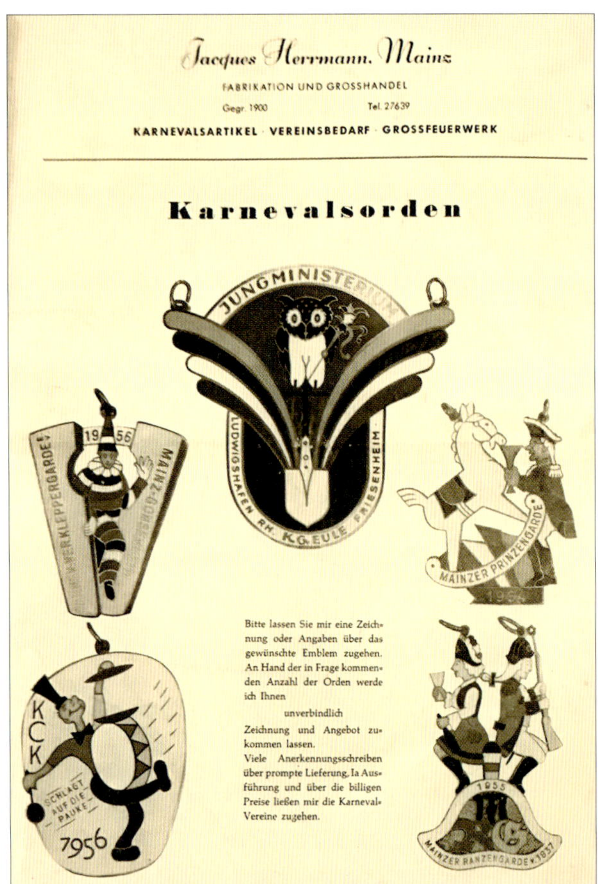
Jacques Herrmann. Mainz

FABRIKATION UND GROSSHANDEL

Gegr. 1900 Tel. 27639

KARNEVALSARTIKEL · VEREINSBEDARF · GROSSFEUERWERK

Karnevalsorden

Bitte lassen Sie mir eine Zeichnung oder Angaben über das gewünschte Emblem zugehen. An Hand der in Frage kommenden Anzahl der Orden werde ich Ihnen

unverbindlich

Zeichnung und Angebot zukommen lassen.

Viele Anerkennungsschreiben über prompte Lieferung, Ia Ausführung und über die billigen Preise ließen mir die Karneval-Vereine zugehen.

jahrs aus dem Fenster eines Orientteppich-Geschäfts stürzt und seither im Koma liegt.
Der Laden im ersten Stock gehört einem Verwandten, den Reza vertritt, als er am 3. Juni 1983 von einem Pärchen überfallen wird. Sie legen ihm Handschellen an, binden seine Beine zusammen, verkleben Mund und Augen, während sie Teppiche für zigtausende Mark heraustragen. Unterdessen kann er ein wenig die Fesseln lösen, gelangt zum großen Schaufenster und begeht einen furchtbaren Fehler. Er springt immer wieder mit dem Rücken gegen das Glas, um mit dem donnernden Geräusch der großen Scheibe auf sich aufmerksam zu machen – doch dann die Tragödie: Das Glas bricht und Reza S. stürzt in die Fußgängerzone. Mit schwersten Hirnschäden und inneren Verletzungen fällt er ins Koma, stirbt zwei Jahre später. Nach Monaten wird eine Frau (45) geschnappt, die gesteht, beteiligt gewesen zu sein, doch der Drahtzieher wird erst dank „Aktenzeichen XY..." verhaftet. Er muss zehn Jahre

Jacques Herrmann war über Jahrzehnte einer der wichtigsten Fastnachtsausstatter. Links ein Orden-Katalog von 1956, oben links das Geschäftshaus an der Ecke zur Großen Langgasse mit dem markanten Schriftzug. Dass der Büchsenmacher in der Steingasse ausgerechnet Jäger heißt, ist ein hübscher Zufall. Die 50er-Jahre-Architektur in der Verbindung von der Steingasse zur Welschnonnengasse hat sich bis heute erhalten.

in Haft wegen Raub mit Todesfolge.

Die Steingasse hat schon zuvor bittere, furchtbare Tage gesehen. In der Kristallnacht wird hier der jüdische Arzt Dr. Ladenburg totgeprügelt und der Bombenangriff der britischen

Spielzeug-Ford Transit mit Aufdruck von Spielwaren-Sonntag.

Luftwaffe auf Mainz am 27. Februar 1945 lässt hier nicht eine Mauer stehen, unzählige Menschen sterben.

So auch im Arbeitsamt in der Steingasse, wie Leserin Luise Frenzel vor einigen Jahren der AZ schildert: „Ich arbeitete damals dort. Bei Alarm waren wir verpflichtet, erst die Schreibmaschinen im sicheren Hinterhaus zu deponieren ... dann rannte ich zum Keller der Aktienbrauerei, und schon in der Breidenbacher Straße fielen die Bomben ... Von meinen zurückgebliebenen Kolleginnen in der Steingasse überlebte keine."

Die Steingasse mit Blick auf St. Emmeran um 1948. Hinten links St. Quintin.

Die Drogerie Kepplinger, Pfandhausstraße / Ecke Rosengasse (im Vordergrund, heute Kolpingstraße).

36 Rund ums Kepplinger-Eck

Das Städtische Pfandhaus gibt der Straße den Namen / „Kreditanstalt des kleinen Mannes"

Es gibt Fastnachtsdynastien, deren Namen über Generationen einen guten Klang haben: Mundo, Neger, Eberhard, Wucher, Seitz und natürlich die Kepplingers. Drei Generationen sind im MCV: Großvater Josef, Philipp senior und Philipp junior – letzterer 74 Jahre lang. Der Senior ist in den 1930ern Programmgestalter beim MCV, Liederdichter und Redner, während bei „Fipps" die Aufzählung noch länger ist. Jubiläen hat er organisiert, Lieder geschrieben, Modelle gebaut, in der Zugleitung gearbeitet, als „Scheierborzeler" auf der Bühne gestanden und bei der Neuauflage der „Familie Knorzel" das „Karlsche" gespielt – „weil ich nicht so groß bin", wie Kepplinger jun. (1921-2010) einmal sagte.

So treu die Kepplingers ihrem MCV sind, so fest verwurzelt sind sie auch in ihrem Viertel. Der Urahn Martin hat seine Spenglerei in der Sackgasse, der heutigen Lotharstraße, Josef dann in der Pfandhausstraße 3, wo Philipp Kepplinger sen. um 1910 seine „Medizinal-Drogerie" einrichtet: „Drogen, Chemikalien, Farben, Lacke etc. – Hygien. Abteilung mit separatem Verkaufsraum für Verbandsstoffe, Gummiwaren, sanitäre Bedarfsartikel, Wöchnerinnenbedarf etc. – Damenbedienung und Herrenbedienung."

Der Laden ist eine Institution, allein schon, weil die Kepplingers bekannt sind. Der Junior macht zwar die Drogistenlehre und hilft dem

Der große Philipp Kepplinger jun. ist in der Fastnacht unvergessen.

Vater nach dem Krieg beim Wiederaufbau, wird aber Kameramann und erhält 1957 den Deutschen Filmpreis in Silber in der Kategorie „Beste Kamera".
Größte Verdienste erlangt er durch seine unermüdliche Arbeit für das Stadtarchiv, dem der leidenschaftliche Fotograf auch viele Fotos übereignet – zwei davon finden sich auf dieser Seite.

Der Name Pfandhausstraße der selbst für Mainzer Verhältnisse sehr kurzen Straße zwi-

Das Pfandhaus an der Ecke zur Emmeransstraße (nach links). Der Eingang ist dort, wo heute die Tür zur Sparda-Bank-Filiale ist.

schen Steingasse und Emmeransstraße lässt sich leicht ableiten – und das Pfandhaus befindet sich einst dort, wo heute die Filiale der Sparda-Bank ist. Es ist ein Adelshof aus dem 17. Jahrhundert, in dem ab 1798 und ab 1816 unter städtischer Leitung die „Kreditanstalt des kleinen Mannes" untergebracht ist. Im Pfandhaus sollen sich Arme kurzfristig kleine Kredite gegen Pfänder besorgen können, um nicht zu verelenden. So soll aber auch verhindert werden, dass sie die städtische Armenhilfe in Anspruch nehmen.

Auch die Sparkasse wird 1827 von der Stadt im Sinne der Armenhilfe gegründet. Sie ist vierzig Jahre mit dem Pfandhaus eng verbunden, „dessen Personal nebenamtlich die Sparkasse mitverwaltete", so Hedwig Brüchert in ihrem Werk „Städtische Sozialpolitik vom wilhelminischen Reich bis zur Weltwirtschaftskrise – am Beispiel der Stadt Mainz 1890-1930". Statt die Einlagen der Sparer gegen Zinsen zu verleihen, legt die Sparkasse das Geld beim Pfandhaus verzinslich an, das es gegen Pfand als Kredit vergibt.

In wirtschaftlich schwierigen Zeiten ist die Zahl der versetzten Stücke hoch, um dann wieder zu sinken. 1891/92 sind es 30.500 Stück, 1906 dann 7.500 weniger. Dabei beträgt die durchschnittliche Höhe des Kredits 7,78 bzw. 10,56 Mark. Letzteres entsprach in etwa einem halben Wochenlohn. „Etwa fünf bis zehn Prozent der Pfänder werden nicht wieder ausgelöst und versteigert", so Brüchert.
1942 wird das Pfandhaus wie das ganze Viertel beim Bombenangriff ausgelöscht und liegt lange brach. An der von der Steingasse gesehen linken Seite der Straße entsteht 1954/55 die Rückseite der Lotharpassage, während vorher schon die Drogerie Kepplinger neu gebaut wird. Als diese schließt, zieht Mitte der 1970er-Jahre das Café „Europa Express" ein, bald darauf das „Le Calvados", ein französisches Lokal, in dem es – damals in Mainz noch selten – Crêpes und ähnliche Spezialitäten gibt. Und vom Band laufen Charles Aznavour, Gilbert Bécaud, Juliette Gréco, Charles Trenet

Die Kepplinger-Ecke nach dem Wiederaufbau in den 50er Jahren – dahinter die Lotharpassage – und unten die Situation heute mit der Römerpassage.

und andere französische Chansonniers in Endlosschleife.

Auf der anderen Straßenseite wird die leere Fläche bis Mitte der 1960er genutzt wie unzählige andere Kriegsbrachen auch in der Stadt – als Parkplatz. Aber auch der später folgende flache Neubau an dieser Stelle lässt dem Auto Raum, bietet auf dem Dach ein Parkdeck. Warum hier – wie auch an manch anderer Stelle in der Innenstadt – mit eingeschossiger Bauweise so viel wertvoller Platz verschenkt wird, das ist eines der Geheimnisse des Wiederaufbaus.

Luftbild Mitte der 1960er Jahre. Links Welschnonnen- / Rosengasse (heute Adolf-Kolping-Straße), Bildmitte Lotharpassage, davor Pfandhausstraße, deren eine Seite noch unbebaut ist und als Parkplatz genutzt wird. Im Vordergrund unten der im Aufbau befindliche Turm von St. Emmeran, ganz rechts unten Möbel Franz an der Stadthausstraße, darüber der Dalberger Hof.

Die Pfandhausstraße war eine kleine, aber belebte Geschäftsstraße mit einem breiten Geschäftsangebot.

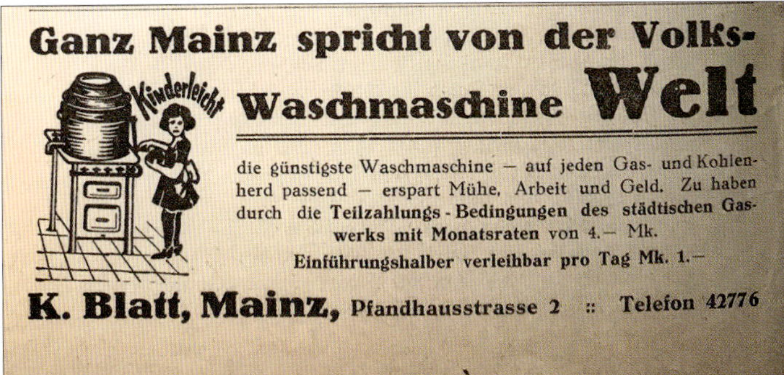

Das Weinhaus Weinel liegt etwa dort in der Welschnonnengasse, wo heute das Kindergartengelände beginnt. Hinter dem Weinhaus gehts ins Kirchengässchen zum Emmeranskirchhof.

37 Mutiger Metzger mit 8 PS

Kuno Huber aus der Welschnonnengasse hat das erste Mainzer Auto / Berühmte Namen aus der Rosengasse

Es gab einst das böse Wort vom „Metzger-Benz": Gemeint waren Mercedes-Kombi-Diesel mit Anhängerkupplung, die angeblich gern von Fleischern für ihre Transportfahrten gekauft wurden. Fieser Spott und natürlich erfunden, doch in Mainz hat es tatsächlich einen Metzger-Benz gegeben: Der erste Autobesitzer der Stadt anno 1899 war Metzger und sein Auto ein Benz.
Kuno Huber aus der Welschnonnengasse 17 ist ein mutiger Mann, denn es ist gerade fünf Jahre her, dass Benz das erste Serienauto der Welt produziert hat. Und der Metzger legt sagenhafte 4200 Mark auf den Tisch, so viel wie damals ein Chemiearbeiter in dreieinhalb Jahren verdient. Oder so viel, wie 2,8 Tonnen Schweinefleisch bei Huber kosten.
Das Benzin bezieht er aus der Drogerie in Flaschen oder holt es in Kannen, wahrscheinlich gleich um die Ecke bei Carl Kopp in der Steingasse 19. Und wenn er in seinem Benz Mylord Victoria mit 8 PS übers Kopfsteinpflaster nagelt, rennen die Kinder mit und rufen: „En Waage ohne Gaul."

Die Welschnonnengasse ist im Gegensatz zu heute schmal und dicht bebaut mit kleinen Häusern, in denen laut Adressbuch von 1936 vor allem Arbeiter und Handwerker leben, aber auch Invaliden und Tagelöhner. Und wie in vielen Altstadtgassen findet sich dort alles, was man im Alltag benötigt: Bäcker, Metzger, Kaufmann, Eis- und Bierhandel, ein Weinhaus und ein Gasthaus.

Kuno Huber (auf dem Auto in der Metzgerbekleidung), mit seinem Benz, dem allerersten Auto in Mainz.

Dort, wo sich heute der überbaute Durchgang zur Steingasse befindet, steht einst das Kloster der welschen, also französischsprachigen, Nonnen, die im 17. Jahrhundert nach Mainz kommen und der Straße ab 1707 den Namen verleihen. Später finden sich hier die Welschnonnenkaserne und bis zur Zerstörung im Krieg das Männerheim der Heilsarmee sowie das Obdachlosenasyl.

Kein einziges Haus übersteht den Zweiten Weltkrieg, und die Straße bleibt lange wüst und leer. Selbst acht Jahre nach Kriegsende stehen hier erst zwei Häuser, der Rest ist zugewuchert. Einer der ersten Alteingesessenen, der wieder aufbaut, ist der Zabern-Verlag. 1802 gegründet, ist er erst in der Franziskanerstraße ansässig, dann am Bischofsplatz, kurzzeitig in der Zuchthausgasse (heute Weintorstraße), bevor der Verlag um 1870 in der Welschnonnengasse Nr. 11 ansässig wird. Nach dem Neubeginn Anfang der 1950er wird der Verlag bundesweit eine der ersten Adressen für Archäologie und antike Kulturen, der etwa vom Katalog der 1980er-Ausstellung über den Pharao Tutanchamun 1,5 Millionen Exemplare absetzt. 1993

Die Rosengasse, Blick zur Welschnonnengasse. Links das Gasthaus „Zum Goldenen Pflug".

Welschnonnengasse

Beginnt Große Langgasse, endigt Pfandhausstraße
Benannt nach den welschen Nonnen, die unter Kurfürst Karl Heinrich v. Metternich 1679 aus Luxemburg hierherkamen

1—10 Trümmergrundstücke
11-13 *Ermisch, Ilse, Druckereibesitzerin
Zaberndruck, Phil. v. Zabern, Buchdruckerei, ☎
Ermisch, E., Betr.-Leit., ☎
Weiß, Otto., Reg.-Angestellt.
$11^{5}/_{10}$ *Tessnow, Emil Gg., Bauunternehmung, ☎
Lau, Heinz, Kraftfahrer 1

Noch im Adressbuch 1954 überwiegen die Trümmergrundstücke.

verkaufen die Eigentümer den Verlag, der daraufhin immer neue Wechsel erlebt, bis er 2010 Mainz verlässt, 2014 seinen Verlagsstatus verliert und heute nur noch ein Imprint der Wissenschaftlichen Buchgesellschaft in Darmstadt ist. Geblieben ist in Mainz der Philipp-von-Zabern-Platz zwischen Welschnonnen- und Rosengasse, der heutigen Adolf-Kolping-Straße.

Genau an diesem Übergang liegt auch das Gasthaus „Goldener Pflug", das 1939 vom Zabern-Verlag gekauft wird. Davor gehört es der Schöfferhof-Binding-Brauerei und gilt über Jahrzehnte als eine zentrale Anlaufstelle der Sozialdemokraten. Platz genug für Parteiversammlungen gibt es, immerhin hat der Pflug einen Saal für 750 Personen mit Bühne und einen kleineren für 300 Personen. Die SPD ist politisch stark: 1903, 1907 und 1911 holt Eduard David, vormals Redakteur der „Mainzer Volkszeitung", das Direktmandat für den Reichstag.

Die heute an die Welschnonnengasse beziehungsweise den Zabernplatz anschließende Adolf-Kolping-Straße trägt diesen Namen seit 1961, zuvor ist es die Rosengasse. Ein hübscher Name, der von Haus und Badstube „Zur Rose" abgeleitet ist, allerdings nicht unbedingt mit einer duftenden Rose zu tun haben muss.
Rita Heuser hält es in ihrem Werk „Namen der Mainzer Straßen und Örtlichkeiten" für möglich, dass ‚Rose' genauso gut von den Flachsrösten abstammt, auf denen man die Flachsstängel zum Faulen brachte. Angesichts des Badehauses sei auch der Hinweis auf ein Bordell denkbar ...

Blick von der Lotharpassage auf St. Emmeran (li.) und die Welschnonnengasse rüber zur Langgasse.

Das Marienheim in der Rosengasse 15, „Mädchenheim und Damenpension des katholischen Mädchenschutzvereins".

Die Rosengasse ist über hundert Jahre Geburtsort vieler Mainzer und Mainzerinnen, genauer gesagt liegt dieser im einstigen Antoniter-, späteren Armklarenkloster. Nachdem alle Klöster aufgelöst werden, ziehen hier 1807 für fast ein Jahrhundert Hebammenschule und Entbindungsanstalt ein – mit einem Triller. Das ist eine Art Babyklappe für Kinder, die sonst ausgesetzt würden.

Ab 1903 gibt es dann eine neue Geburtsadresse für die Mainzer Babys, das Accouchement in der Hafenstraße. Nun erhält die Mainzer Gynäkologie ein ganz neues Niveau, aber drei Jahrzehnte später erlebt sie dort ihr unmenschlichstes Kapitel. In der Nazi-Zeit werden in der Hafenstraße viele Frauen von verbrecherischen Ärzten zwangssterilisiert.

In der Entbindungsanstalt in der Rosengasse wird am 29. Mai 1849 ein Name notiert, der später Weltruf genießt – bis heute: Lorenz Adlon. Der spätere Berliner Spitzenhotelier, dessen wieder entstandenes Haus am Brandenburger Tor weiter seinen Namen trägt, wird in der Rosengasse als Kind von Jacob und Anna Maria Elisabeth Adlon geboren. Er ist Pförtner der Entbindungsanstalt, sie Hebamme.

Ganz in der Nähe, beim exquisiten Möbelschreiner Bembé in der Großen Bleiche, geht er in die Lehre, bevor er das Lokal Raimundigarten am Gartenfeld übernimmt – und von dort seinen Siegeszug antritt. Seinen Lernort hat er nie vergessen und als er mit des Kaisers Hilfe sein Hotel in Berlin baut, lässt er einen Teil des noblen Interieurs von Bembé fertigen. Und noch ein berühmter Name, zumindest in Mainz, ist untrennbar mit der Rosengasse verbunden – Carl Zulehner. Der k.u.k.-Kapellmeis-

Der Mainzer Musikverlag Schott verlegt auch den „Narrhallamarsch".

ter des in der Bundesfestung Mainz liegenden österreichischen Ulanenregiments Nr. 35, Baron von Fleischer, ist der Vater des legendären Narrhallamarschs.
Am 27. September 1805 wird Zulehner in der Rosengasse 19 geboren und ist später einer der Gründerväter des MCV, Redner und Liederdichter. Die Wurzeln des Narrhallamarschs liegen in der französischen Komischen Oper „Der Brauer von Preston" von 1838, die zwei Jahre später im Mainzer Theater aufgeführt wird, genauer gesagt in einem Marsch und einem Couplet. Der Mainzer Priester und Historiker Adam Gottron schreibt dazu: „Zulehner hat nur ganz wenige Takte hinzugefügt: die Einleitungstakte und die Überleitung zum Trio." Aber er habe nicht einfach abgeschrieben, sondern den Marsch von A-Dur nach C-Dur transponiert, das Trio von E-Dur nach F-Dur und die Verbindung zwischen beiden Teilen geschaffen. Gottron: „So ist wirklich etwas Neues entstanden."

1840 steht zwar erstmals ein „Narrhallamarsch" im Liederheft einer MCV-Sitzung, möglicherweise kommt die heute bekannte Fassung aber erst einige Jahre später zur Aufführung. Den Siegeszug seines Marschs erlebt Zulehner nicht mehr, er stirbt 1847 mit nur 42 Jahren. Gleich neben seinem Geburtshaus liegt das „Brauhaus zum weißen Bierhaus". Gegründet 1840, wird es 1896 vom „Brauhaus zum schwarzen Bären" (Holzstraße) übernommen und als Ausschank und Gaststätte weitergeführt.
In den 1920er-Jahren gibt es in Rosengasse an der Ecke zur Klarastraße sogar eine „Mainzer Kunsthalle", in der 1925 die Freie Vereinigung Darmstädter Künstler ausstellt. Davon kündet

Die „Brauerei zum weißen Bierhaus" wird 1896 von der Bärenbrauerei in der Holzstraße übernommen.

noch ein Ausstellungskatalog mit dem Signet der Vereinigung, die in der Tradition der „Münchner Secession" steht, aber zum Zeitpunkt der Schau in Mainz schon ihre Kraft verloren hat und sich 1933 an die Nazis anbiedert.

Die Rosengasse übersteht die ersten schweren Bombenangriffe von 1942 noch weitgehend ohne Schäden, doch der britische Luftangriff am 27. Februar 1945 bringt die Vernichtung. Es dauert 15 Jahre, bis die Straße wieder weitestgehend bebaut ist. Bis dahin wächst da, wo seit Jahrhunderten Menschen leben und arbeiten, hohes Gras und Gebüsch.

Etwa der Blickwinkel des ersten Bildes dieses Kapitels. Ungefähr hier stand früher das Weinhaus Weinel.

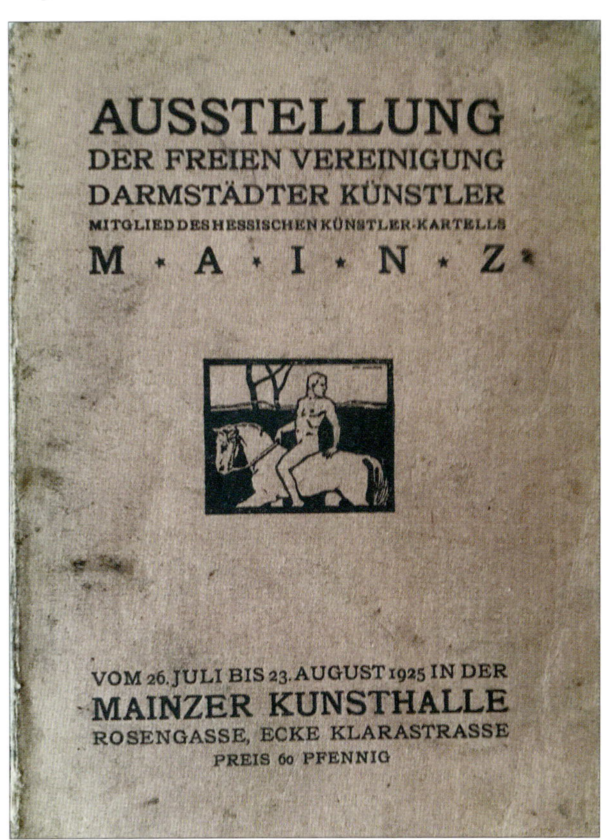

Mitte der 1920er gibt es in der Rosengasse eine Kunsthalle; es ist unklar, wie lange sie existiert. Rechts eine Ansicht des Wambolder Hofs, dessen Fläche heute in etwa die Römerpassage einnimmt. In den 1950ern wird er abgerissen.

Ein Lamborghini P 400 Miura vor dem Geschäft von Juwelier Ric Weiland in der Lotharstraße.

38 In der Sackgass'

Lotharstraße und Lotharpassage – schon vor über 50 Jahren nur für Fußgänger

Wer heute durch die Lotharstraße geht, wird sich nur schwer vorstellen können, dass man sich einst den Raum mit Autos teilen musste. Wer hier noch durchgefahren ist, muss heute aber jenseits der 70 sein, denn die Lotharstraße gehört zu den ältesten Fußgängerzonen der Stadt. 1966/67 wird sie umgewandelt, aber nur vorsichtig. Als ob man dem Versuch der autofreien Straße nicht trauen würde, nennt man sie zunächst „Fußgängerstraße" und noch Jahre bleiben Kopfsteinpflasterfahrbahn und Gehsteige erhalten. Vielleicht als eine Art Hintertürchen, falls man sich doch wieder anders entscheidet? Aber wie überall in Mainz ist die Fußgängerzone bald nicht mehr wegzudenken.

Die Straße ist rund 300 Jahre älter als die Große Bleiche und führt einst an den Rand der mittelalterlichen Stadt. Namensgeber ist kein Geringerer als Kurfürst und Erzbischof Lothar Franz von Schönborn (1655-1729). Zu seiner Zeit als Bauherr gerühmt, lässt er den Neuen Brunnen errichten (zunächst nach ihm Schönborn-Brunnen genannt), dann das Rochusspital, das Lustschloss Favorite, aber auch zusätzliche Forts für die barocke Festungsanlage.

Als die Lotharstraße nach dem Mitte der 60er Jahre vom Autoverkehr befreit wird, lautet die neue Bezeichnung „Fußgängerstraße" und noch nicht Fußgängerzone. Man konnte sich vom Begriff Straße noch nicht trennen.

Die Ehre des Straßennamens wird ihm erst 157 Jahre nach seinem Ableben zuteil. Zuvor heißt die Straße in einem Abschnitt „Sauweede", im Allgemeinen aber schlicht „Im Sack" (erstmals 1315), später „Sackgasse" oder „Sackgass".

Bis 1945 mündet die Lotharstraße stumpf an der Einmündung in die Rosengasse, denn dort, wo es später in die Lothar-, heute in die Römerpassage geht, steht damals das Lauteren'sche Haus. Es ist ein großer Komplex aus Repräsentations-, Wohn- und Wirtschaftsgebäuden eines Adelshofes und nimmt etwa den Raum der heutigen Passage bis zur Pfandhausstraße ein.

In der Stadtaufnahme von 1785, der Auflistung aller Mainzer Gebäude nebst Inhabern und Nutzung, gehört die Sackgass zur Sektion D, dem Viertel zwischen Schillerplatz, Großer Bleiche und Rhein. Im Gebäude 311 ist eine Brauerei erwähnt, die 1800, im ersten Adressbuch der Stadt, „Tannenbaum" heißt. Der Name wird einer der langlebigsten der Mainzer Gastronomie.

Das letzte Bier wird 1865 gebraut, Lokal und Name bleiben aber. Aktienbier wird hier ausgeschenkt, auch nach dem Wiederaufbau. Noch bis in die 1990er Jahre gibt es die Kneipe, in der man schon morgens Zecher am Tre-

Der „Tannenbaum", einer der langlebigsten Namen der Mainzer Gastronomie.

Das Kaufhaus Stubs Quelle wird ebenso in der Kristallnacht zerstört wie die Bürstenfabrik Kaplan.

sen stehen sieht. Später eröffnet dort Grünewald seinen Genießertreff, dann kommt das Curry-Kartell. Aber das hält auch keine 200 Jahre, sondern drei.

Alten Mainzern ist noch ein weiterer Name ein Begriff: „Stub's Quelle" – das Kaufhaus von Abraham Shlomo Stub an der Ecke zur Rosengasse, heute Adolf-Kolping-Straße. Früh gerät er ins Visier der Nazis. Sie hetzen generell gegen jüdische Geschäfte, vor allem aber gegen Kaufhäuser, weil die angeblich mit ihren günstigen Angeboten den Handel zerstören. Eine Lüge. Denn als die Nazis nach 1933 peu à peu die Kaufhäuser ihren Besitzern abpressen, schustern sie etwa die Tietz-Häuser ihren Helfershelfern bei den Großbanken zu, die daraus den Kaufhof machen. Und plötzlich ist an Kaufhäusern nichts mehr auszusetzen.

Stub gelingt es, noch am Morgen der Kristallnacht sein Geschäft zu verkaufen. Zerstört wird es dennoch, aber er kann nach Palästina fliehen, wo er sich erneut ein Geschäft aufbaut. Immer wenn er Mainzer oder Mainzerinnen trifft oder sie zufällig in sein Geschäft kommen, dann freut er sich, von der alten Heimat zu hören. Trotz allem, was die Vaterstadt ihm angetan hat.

Am anderen Ende der Lotharstraße, in der Nr. 17, wird am 10. November 1938 die Bürstenfabrik Kaplan verwüstet, während die Mannheimers in der Nr. 11 schon vier Jahre im französischen Exil sind. Doch die Nazis werden 1942 auch ihrer habhaft. Henriette begeht Selbst-

In der Lotharstraße etablierte sich Möbel Hedderich mit seiner eigenen Passage. Unten die Lieferwagen: Opel Blitz Sattelschlepper und DKW Schnelllaster.

Blick in die Lotharpassage Mitte der 80er Jahre. Heute steht hier die Römerpassage.

Die Lotharstraße Mitte der 60er, als hier noch Autos fahren dürfen.

mord, Gisela und Herbert, der Anwalt, der schon früh gegen die Nazis kämpft, werden im furchtbaren Lager Drancy bei Paris eingesperrt und später in Auschwitz ermordet. Auch Mainz 05-Gründer Eugen Salomon und der Mainzer Autofabrikant Möise Garbaty sind in Drancy. Und wahrscheinlich sind alle beim Transport nach Auschwitz an ihrer Vaterstadt vorbeigerollt ...

In der Lotharstraße steht 1945 kein Haus mehr. Erster Neubau ist 1950 das „Haus der Goldschmiedekunst" des Juweliers Weiland, Vater des genialen Goldschmiedes Ric Weiland. Bekannt ist auch Möbel Hedderich mit der Hedderich-Passage, die später an den Mombacher Kreisel ziehen. Aber auch dort ist 2005 Schluss.

Im Zuge des Aufbaus, der bisweilen eher wenig Respekt vor alten Gebäuden zeigt, wird dann Anfang der 1950er Jahres der oben bereits erwähnte Wambolter Hof, später Lauteren'sches Haus, gegen den Protest des Denkmalschutzes 1954 abgerissen. Denn an seiner Stelle soll ein städtebauliches Novum errichtet werden – die Lotharpassage, ein Komplex aus Ladenzeile und Wohnbebauung.

Hemden Herberg, Foto Kukuk, Fisch Braun und das Billigkaufhaus Woolworth, für die Mainzer schlicht „de Wollwort", finden sich dort, dann das Binding Eck an der Emmeranstraße, wo einst auch die 05er feiern. Ende der 1980er gibt es sogar mal einen Millionenschatz in der Passage, den aber keiner gehoben hat – ein Lotto-Schein bei Tabak-Palm, bei dem alle sieben Zahlen des Spiel 77 stimmen. Nur hat den Schein keiner gespielt.

Auf einen anderen Schatz stößt man nach dem Abriss beim Aushub der neuen Tiefgarage – die römische Tempelanlage für Isis und Magna Mater. Bitter für die Bauherren, die monatelang pausieren und umplanen müssen. Aber Mainz freut sich über ein archäologisches Highlight, und das neue Bauwerk, das erst Lothar-Passage heißen sollte, erhält einen neuen Namen: Römerpassage.

Ein Blick auf den Parkplatz hinter der AZ. Am Straßenrand ein Ford P 3 17m (Bj. 1960-64), ein DKW Junior (1959-63). Opel P1 Rekord CarAVan (58-60) und ein Renault Dauphine (58-68).

39 Fast 60 Jahre Polizeigeschichte

Im Dalberger Hof in der Klarastraße ist bis 1982 das Präsidium untergebracht / Torten-Idyll im Café Gerster

Klarastraße, Reichklarastraße, Armklarakloster – der eine oder andere Mainzer dürfte sich schon gefragt haben, was es damit auf sich hat. Um Klarheit in die Sache zu bringen: Es geht um den Orden der Klarissen. Gegründet von Franziskus und Klara von Assisi, verschreibt er sich 1215 strenger Klausur und totaler Armut. Als Papst Urban IV. die Armutsregeln lockert, teilt sich der Orden: In die Armen Klarissen, die weiterhin Besitz ablehnen, während die weniger strengen nun Reiche Klarissen genannt werden – kurz: Armklara und Reichklara. Beide sind jahrhundertelang auch in Mainz daheim.

Das Reichklarakloster ist heute Teil des Naturhistorischen Museums, während die Armen Klarissen 1620 im früheren Kloster der Antoniter an der heutigen Klarastraße unterkommen. Ende des 18. Jahrhunderts heben die Franzosen die Klöster auf, der Besitz wird weltlich genutzt. Ein großer Teil des Komplexes wird bei den Bombenangriffen im August 1942 schwer beschädigt. Im wiederaufgebauten Klarastraßen-Flügel ist heute das kirchenmusikalische Institut ansässig und in der Kapelle werden weiter Gottesdienste abgehalten.
Als Kontrast zu den Armen Klarissen zeigt sich in Blickweite Glanz und Reichtum der Stadt im Barock – der Dalberger Hof. In dem an Adelshöfen nicht gerade armen Mainz gehört dieser aus dem Jahr 1718 zu den großen. Und kaum einer hat eine wechselvollere Geschichte.

Dem Armklarakloster verdankt die Straße ihren Namen. Das schöne Eingangsportal hat den Krieg überstanden.

Das Adelsgeschlecht hat nicht lange Freude an der Pracht, wird bereits 1793 praktisch aus dem Haus geschossen, als es bei der Belagerung und Beschießung von Mainz abbrennt. Ab Ende der 1820er-Jahre zieht das Gericht ein, hier wird gegen die 1848er-Demokraten wegen Hochverrats verhandelt und später gegen die Sozialdemokraten wegen Verstoßes gegen die Bismarckschen Sozialistengesetze. 80 Jahre währt die Zeit als Justizpalast, dann entsteht ein neuer Gerichtskomplex in der Kaiser-Friedrich-Straße, am Ende des Bleichenviertels. Dort ist Paul Bonatz der Architekt, der auch Henkellsfeld in Biebrich und Stuttgarts Hauptbahnhof erbaut.

Nach der Ära der Justiz beginnt im Dalberger Hof jene der Polizei. 1923 zieht das Polizeiamt, später das Präsidium, von der Kartäuserstraße 8-12 in die Klarastraße. 1930 folgt die Kripo, während die Hauptwache der Schutzpolizei im Stadthaus verbleibt. Dort in der Stadthausstraße, keine 100 Meter vom Dalberger Hof entfernt, steht immer eine Polizeikutsche einsatzbereit vor der Tür, wie der frühere Leiter der Polizeiinspektion 1, Winfried Büttner, in seiner lesenswerten „Mainzer Polizeigeschichte" schreibt. Erst 1931 erhält die Mainzer Polizei ihr erstes Auto.

1933 beginnen auch hier zwölf schlimme Jahre. Die Gestapo mit ihrem Folterschuppen im Hinterhof sitzt zwar in der Kaiserstraße, aber viele Verfolgte werden vor dem Abtransport ins Zuchthaus oder KZ erst ins Polizeigefängnis im Keller des Dalberger Hofs gebracht. In

1923 zieht die Polizei in den vormaligen Justizpalast Dalberger Hof.

1931 erhielt die Mainzer Polizei ihr erstes Auto.

der Kristallnacht 1938 sind es mehr als 100 Juden und Jüdinnen, die von hier ins KZ Buchenwald transportiert werden, wo man sie wochenlang quält, manche auch ermordet. Und bei der Massendeportation der Mainzer Sinti und Roma am 16. Mai 1940 werden die Menschen vom Säugling bis zum Greis erst in der Klarastraße eingepfercht, bevor sie ins besetzte Polen gebracht und alle ermordet werden.
Es kann jeder sehen, wie die Opfer mit Lastwagen zur Polizei gebracht und wieder abtransportiert werden. Viele, viele Mainzer und Mainzerinnen verschließen ihre Augen. Angst, Ignoranz, Billigung?

Mit der Fortdauer des Krieges lassen die Nazis in regelrechten Wellen immer mehr echte und vermeintliche Gegner verhaften, und das Polizeigefängnis ist gefürchtet. Es ist immer überfüllt, nachts fallen Wanzen über die Gefangenen her und geprügelt wird hier auch.
1945 ist der Dalberger Hof eine fast komplett ausgebrannte Ruine, wird peu à peu für die Polizei wiederhergestellt. Die Beamten erleben eine schwere Zeit, wie die vierteljährlichen Stimmungsberichte vermelden. 1951 heißt es: „Die Stimmung entspricht der mangelnden Besoldung ... In der Wohnungsfrage [der Beamten] ist es notwendig, daß mehr wie bisher zur Behebung der Not getan wird." 64 Polizisten erhalten eine Trennungsentschädigung, weil ihre Familien noch irgendwo weit entfernt leben und mangels Wohnraum nicht nach Mainz ziehen können.
Zur Bevölkerung wird angemerkt: „Die Moral ... ist gekennzeichnet durch eine hohe Kriminalität ... auch die Tötungsdelikte liegen hoch, im letzten Halbjahr waren es in Stadt- und Landkreis Mainz fünf ..." So viel für all jene, die meinen, dass früher alles besser gewesen sei.

Am 9. Januar 1960 wird die komplette Wiederherstellung des Dalberger Hofes gefeiert, aber nach gerade einmal 22 Jahren zieht die Polizei 1982 in den achtstöckigen Neubau am Goetheplatz. Übrigens ein Werk des Architekten und langjährigen CDU-Fraktionsvorsitzenden im Mainzer Stadtrat, Heinz Laubach. Er hat auch die Rheingoldhalle, das Hilton, das ZDF-Hochhaus und -Sendezentrum gebaut sowie das Brand-Viertel konzipiert ...

Der komplett ausgebrannte Dalberger Hof wird peu à peu aufgebaut, aber erst 1960 ist er komplett wiederhergestellt. Heute ist er ein Wohnhaus.

Die Altstadtinspektion bleibt noch bis 1985 im Dalberger Hof, bevor man ins Revier an der Weißliliengasse zieht. Die räumliche Nähe von AZ in der Großen Bleiche und Präsidium in der Klarastraße wird damals von beiden Seiten nicht als unangenehm empfunden. Und so kann man im benachbarten Lokal „Am Präsidium" des Abends Mitarbeiter beider Institutionen treffen. Manch spektakulärer Kriminalfall wird da bis in die Nacht durchdiskutiert.

An der Ecke zur Rosengasse – ab 1961 Adolf-Kolping-Straße – gibt es einst den Rheinhessen-Hof, der nach dem Krieg ein Bierhaus, dann bis in die 1990er das griechische Lokal „beim Alkis" ist. Das Vorgängergebäude an der Ecke hat 1942 einen Volltreffer erhalten, wird später zusammen mit dem Nachbarhaus, dem alten „Brauhaus zum weißen Bierhaus",

Bevor die Polizei über Spezialkräfte verfügt, geht die Polizei mit Schnellfeuerwaffen, aber wie hier 1971 komplett ungeschützt in den Überfalleinsatz.

in einem Komplex neu erbaut und ist dann über Jahrzehnte Sitz der Mainzer SPD. Das ist seit 2019 auch Vergangenheit, denn die Substanz des 1950er-Jahre-Gebäudes ist marode.

Ein Volltreffer zerstört 1942 das Eckhaus zur Rosengasse (heute Adolf-Kolping-Straße).

Kernsanierung oder Abriss sind nur eine Frage der Zeit.

An Geschäften fallen vor allem der Juwelier Weiland, der vor dem Krieg an der Ecke zur Großen Bleiche sein Geschäft hatte, und Moritz – Eisenwaren, Werkzeuge, Hausrat – auf. Letzterer liegt auch heute noch an derselber Stelle gegenüber dem früheren Präsidium, während viele andere Traditionsgeschäfte längst die Segel gestrichen haben.

Weiter runter Richtung Große Bleiche gibt es heute noch ein kleines Kuchen-Idyll – das Café Gerster. Die Familientradition währt schon 115 Jahre, wenn auch die Örtlichkeiten wechseln. Gegründet in der Stiftsstraße (zwischen Bauhof- und Schießgartenstraße), geht es später zum Neubrunnenplatz, in die Parcusstraße und die Große Bleiche. Bis man 1954 in der Klarastraße das hübsche kleine Café eröffnet, wo es bis heute frische, hausgemachte Kuchen und Torten gibt. Immer noch gefertigt nach dem Rezept von Großvater Josef Gerster.

Moritz ist ein Traditionsgeschäft der Klarastraße.

Nach der Zerstörung (Foto linke Seite) entsteht hier der Rheinhessen-Hof, mit dem Bierhaus Mast. Später ist hier ein griechisches Lokal ansässig und über Jahrzehnte bis 2019 die Mainzer SPD.

Sein erstes Geschäft hat der Juwelier Weiland in der Klarastraße an der Ecke zur Großen Bleiche.

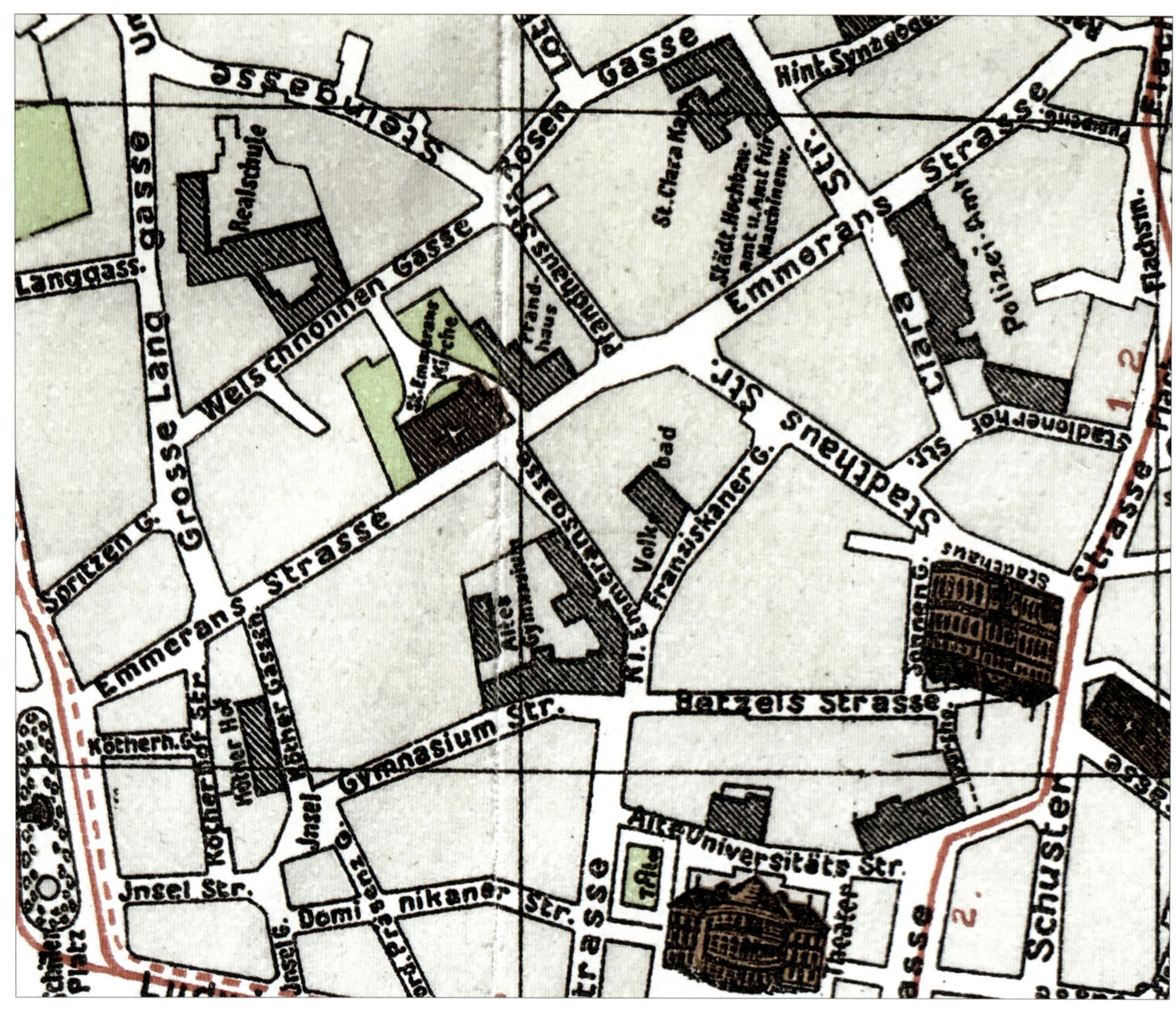

Der Stadtplan von 1925 zeigt das heute nur noch teilweise vorhandene Gassengewirr. Nachdem die gesamte Gegend im Krieg komplett verwüstet worden war, wurde das Straßennetz teils neu geordnet.

40 Heidelandschaft inmitten der Stadt

Die Emmeransstraße: Von Römern, Freimaurern, einem großen Gelehrten und Strumpf-Uhlig

2000 Jahre haben nur wenige Straßen der Stadt auf dem Buckel – eine davon ist die Emmeransstraße. Schon die Caligae, die Militärstiefel der römischen Legionen, knallen hier übers Pflaster. Jeder ist 90-fach genagelt und mehr als ein Pfund schwer, aber mit diesen sandalenartig wirkenden Stiefeln nehmen die Legionäre ganz Europa unter ihre Füße. Und hier in Mainz, wenn es vom Lager zur Rheinbrücke geht, die heutige Emmeransstraße.

Alt ist sie und lang. Vom Schillerplatz über die Große Langgasse hinweg führt sie an der Römerpassage und dem Seitenflügel des Dalberger Hofs vorbei und mündet einst in die Rechengasse. Die aber ist im Krieg untergegangen und so endet die Emmeransstraße heute erst an der Flachsmarktstraße. Lange heißt sie Marktstraße, erst 1568 erhält sie ihren heutigen Namen. In napoleonischer Zeit heißt sie Rue de Stephanie.

Die Emmeransstraße um 1910 (o.) und heute (u.). Rechts die Emmeranskirche.

Höfe und Handwerkersiedlungen bilden sich hier schon zur Römerzeit, aber über die Jahrtausende wird die Gegend immer und immer wieder verwüstet. Auch nach 1945 bleibt nur Steppe. Die Kirche St. Emmeran überlebt als Ruine, wie auch die Hausnummer 30, ein Wohnhaus aus dem 18. Jahrhundert. Und sonst? Vor allem Nachkriegstristesse, schneller Aufbau, Bausünden für die autogerechte Stadt.

Die Emmeransstraße wird Ende der 1950er begradigt und glattgebügelt, nichts bleibt übrig vom einst so engen Sträßchen. Von der Langgasse her verbreitert man sie für Senkrechtparkplätze und da, wo einst die Kleine Emmeransgasse einmündet, reißt man sie förmlich auf für den so sinn- wie funktionslosen Platz Am Kronberger Hof.

Strumpf-Uhlig, der am Höfchen im Mai 2019 nach 99 Jahren für immer geschlossen hat, nimmt hier einst seine Anfänge im Haus Nr. 10, wie der Straßenzug überhaupt Heimat vieler kleiner Geschäfte und Betriebe ist. Auch rund um St. Emmeran, denn die Gemeinde vermietet einen Teil ihrer Häuser. Im Adressbuch steht

Das Gasthaus „Bürgerhof" an der Ecke zur Stadthausstraße (r.). Heute stünde der Fotograf auf dem Kardinal-Volk-Platz

als Eigentümer und Vermieter „Kirchenfabrik", was so viel bedeutet wie das Vermögen der Gemeinde, das zur Finanzierung der Kirche dient.

St. Emmeran mit seinem romanischen Turm wird 1945 vernichtet. Nur die Außenmauern bleiben, dazu die zuvor ausgelagerte Rokokokanzel und die Beatrix-Glocke von 1493, die heute in St. Stephan klingt. Es dauert bis in die späten 1960er, bis überhaupt mit der Restaurierung begonnen wird, womit St. Emmeran die letzte wiederhergestellte Kirche der Stadt ist.
Alles andere, was die Bomben zerstören, bleibt verloren. Der Boineburger Hof etwa, wo sich heute die Sparda-Filiale befindet. Im 19. Jahrhundert Pfandhaus und Sparkasse und noch früher Wohnstätte von Gottfried Wilhelm Leibniz (1646-1716). Der Philosoph, Jurist, Historiker und politische Berater zieht mit 22 Jahren nach Mainz und erlebt hier vier prägende Jahre, wie der Vordenker der Aufklärung später formuliert.

Der Kirchhof von St. Emmeran um 1910, unten eine Ansichtskarte mit Blick von der Welschnonnengasse aus dem Jahr 1952. Sie ist betitelt mit „Heidelandschaft mitten in der Stadt".

Die Loge „Freunde zu Eintracht", gegründet 1837.

Eben diese Aufklärung führt auch zur Begründung der Freimaurerei, deren Mainzer Anfänge bis in die 1760er Jahre zurückreichen. Logen werden gegründet, die Tempel schließen wieder, bis in nachnapoleonischer Zeit feste Strukturen und mehrere neue Logen entstehen und 1837 der Landesfürst den Zusammenschluss zur neuen Loge „Die Freunde zur Eintracht" genehmigt.

Ihr Sitz ist in der Emmeransstraße 43 (gegenüber der Ottiliengasse), doch im April 1877 brennt das Logengebäude ab. Es entsteht in gründerzeitlicher Schönheit neu, wird am 21. Januar 1879 eingeweiht, aber 1933 verbieten die Nazis die Freimaurerei. Sie beschlagnahmen Gebäude, Vermögen sowie das ganze Inventar, und bald darauf findet sich in der Nr. 43 ein „Heim der Hitlerjugend".

Am 27. Februar 1945 wird das Haus wie die gesamte Emmeransstraße vernichtet, doch die Freimaurerei in Mainz überlebt. Schon am 7. Juli 1945 beschließen neun Mitglieder der 1933 aufgelösten Loge die Neugründung; sie erhält am selben Tag die Genehmigung der US-Besatzungsbehörden. Die erste Vollversammlung findet 1946 mit nun schon 35 Brüdern in der „Altdeutschen Weinstube" am Liebfrauenplatz 7 neben dem „Römischen Kaiser" statt, wo man sich fortan 14-täglich trifft. Mitte der 1960er-Jahre beziehen die Brüder dann das neue Logengebäude in der Holzstraße.

An jenen 27. Februar 1945, diesen schwarzen Tag der Stadtgeschichte, erinnert mitten in der Emmeransstraße, an der Einmündung der Pfandhausstraße, eine 1985 in den Boden eingelassene Tafel. Dort gedenken alljährlich die Mitglieder des Ortsbeirates Altstadt und viele Bürger und Bürgerinnen der Opfer der Bombardierung und auch ihrer zerstörten Stadt – doch im Alltag laufen viele Menschen achtlos darüber und daran vorbei.

Die ausgebrannte Gymnasiumstraße nach dem Doppelangriff vom 12./13. August 1942.

41 Ein Raub der Flammen

1942 geht die Gymnasiumstraße mit dem Kronberger Hof unter / 2003 zerstört Feuer das City-Bowling auf dem Parkhausdach

Der Brandgeruch zieht durch die Gymnasiumstraße. 1942 und 1945 und übrig bleiben nur Trümmer, ausgebrannte Ruinen und viele Tote. 41 allein im Kloster von der Ewigen Anbetung. Schließlich kommen die Räumkommandos und reißen die Wände mit den leeren, schwarzen Fensterhöhlen ein, dann nehmen die Stadtplaner Maß und es bleiben nur die Namen ... Kronberger Hof, Altes Gymnasium, Zucker-Goebel ... und die Erinnerungen.

Zu den meistverschickten Mainzer Postkartenmotiven bis in die 1930er Jahre gehört das Bild vom Alten Gymnasium. Man muss nur bei Ebay oder Ansichtskartenhändlern schauen, dann tauchen der schöne Eckerker und der charakteristische Rollwerkgiebel immer wieder auf – meist mit Blick von der Fuststraße her, seltener aus der Betzelsstraße. Ein Blickfang. Ein Mainz-Motiv.

Es ist das Haus Nr. 9, der Kronberger Hof, ein Adelspalais der Renaissance. 1782 übersiedelt das Kurfürstliche Gymnasium mit den Augustinerpatres und 400 Schülern von der Alten Universität hierher. Damals ist der Vorläufer des heutigen Rabanus-Maurus-Gymnasiums (RaMa) schon 221 Jahre alt, und noch mal 200 Jahre später wird es auch im Kronberger Hof zu eng. 1889 kommt der Neubau an der Kaiserstraße hinzu, und zur Unterscheidung heißen die Schulen Herbst- und Ostergymnasium,

Blick aus der Fuststraße zum Alten Gymnasium, links die Einmündung der Gymnasiumstraße.

Dieselbe Perspektive wie auf dem Bild der Vorseite noch den 42er-Angriffen. Unten der Hof des Alten Gymnasiums.

je nach Schuljahresbeginn. Später – als beide nach den Sommerferien starten – nennt man sie Altes und Neues Gymnasium.

Ein Schüler des Herbstgymnasiums im Kronberger Hof ist vor dem Ersten Weltkrieg Alfred Epstein (1903-1991), der spätere Vorsitzende der Jüdischen Gemeinde. Die Schulregeln sind streng, aber es gibt etwas in der Nachbarschaft, dessen Anziehungskraft größer ist als die Furcht vor Strafe: „Obwohl es nicht erlaubt war, während der Pause den Schulhof zu verlassen, lief ich oft heimlich über die Straße, um für einen Pfennig zwei Himbeerklumpe zu kaufen." Der Laden der Begierde hat in Mainz einen großen Namen: Zucker-Goebel.

Die „Conditoreiwaaren-, Lebkuchen- und Bonbonsfabrik" Lorenz Goebel wird 1877 in der Fuststraße/Ecke Gymnasiumstraße gegründet, dehnt sich immer weiter aus und beschäftigt als größte Zuckerwarenfabrik Hessens über 200 Mitarbeiter und Mitarbeiterinnen. Goebel hat eine lange Front zur Fust-, aber auch zur Gymnasiumstraße mit vielen der in Mainz so häufigen rundbogigen Schaufenster, in denen oft technische Attraktionen zu sehen sind: ein Ostereier legender Hase oder ein Nikolaus, der Lebkuchen aus dem Sack holt. Die Inneneinrichtung ist appetitlich strahlend weiß.

Zucker-Goebel, der Kronberger Hof, überhaupt das ganze Viertel hinter dem Theater geht beim Luftangriff der Briten in den beiden Nächten des 12. und 13. August 1942 unter. In vielen RaMa-Chroniken ist davon die Rede, dass das Alte Gymnasium beim Bombardement am 27. Februar 1945 ausbrennt, aber schon die ersten Angriffe bedeuten das Aus für das mehr als 320 Jahre alte, ehrwürdige Gebäude, das seit den 1930ern auch als Haus der Pimpfe dient, also des Jungvolks der Hitlerjugend. Die Mauern bleiben stehen, aber der Giebel und der obere Teil des Erkers werden schon wenige Tage später abgerissen, weil sie einzustürzen drohen.

Der 27. Februar 1945 gibt dem Viertel den Rest. Und in der Gymnasiumstraße spielt sich eine tief berührende Tragödie ab, im Kloster der Klarissen-Kapuzinerinnen von der Ewigen Anbetung. Als das Jahr 1945 anbricht, gibt die Äbtissin ihren Mitschwestern mit auf den Weg: „Leben wir, so leben wir dem Herrn; sterben wir, so sterben wir dem Herrn. Ob wir leben oder sterben, wir sind des Herrn!" (Röm 14,8). So überliefert es die Chronik des Klosters.

Auf der Ecke Fust-/Gymnasiumstraße findet sich Zucker-Goebel, rechts Gründer Lorenz Goebel und Frau.

Wo gehen wir hin?

Auf die INSEL in Sulzbergers Bier- und Weinrestaurant

Gymnasiumstraße 1

Gut gepflegte Biere · Prima Wein

1/2 Schoppen 25 Pfg.

Prima Küche

Den schweren Angriff des 27. Februar erleben die Oberin und die 43 Schwestern im Luftschutzkeller des Klosters, wo ein Altar mit Tabernakel errichtet ist. Das Gebäude wird schwer getroffen, berichten später die drei Überlebenden. Der Luftdruck lässt die Türen auffliegen, der ganze Keller wankt, der Boden bewegt sich in Wellen, Lärm und Staub erfüllen den kerzenbeleuchteten Raum, und als der Angriff nach 15 Minuten beendet ist, tasten sich einige der Nonnen nach draußen.

Überall dichter Qualm und Flammen, während das Feuer wie ein Sturm heult. Es scheint kein Entkommen aus dem Viertel zu geben und bis auf drei kehren alle Schwestern in den Keller zurück. Mit ihrer Oberin knien sich die 40 Schwestern zum Gebet – und so finden Pater Manuwald vom Priesterseminar, der Spiritual der Schwestern, und eine der drei Überlebenden die Nonnen. Dazu die Chronik: „Die meisten noch in kniender Stellung mit im Gebet ausgespannten Armen aneinandergelehnt und zusammengesunken." Tot. Erstickt.

Lange ist unsicher, ob es einen Neuanfang gibt. Neben den drei Überlebenden wollen noch

An der Ecke zur Insel liegt eine Weinstube, später Sulzbergers Bier- und Weinrestaurant.

Unter diesem Kreuz (o.) sind die 40 Schwestern und ihre Oberin begraben, die am 27. Februar in ihrem Keller ersticken. Bald darauf entsteht ein Mahnmal.

neun früher evakuierte Nonnen ein neues Kloster aufbauen, aber erst 1948 dürfen sie nach Mainz zurück. Völlig mittellos sind sie, doch der Bischof erlaubt ihnen, für den Wiederaufbau ihres Klosters zu sammeln. Und nach vier Jahren können die Schwestern endlich den ersten Bauabschnitt beziehen und in der Notkapelle, dem heutigen Refektorium, ihren ersten Gottesdienst feiern.
In den nächsten Jahren entsteht das Kloster neu. Ein unauffälliger, ein stiller Bau. Ganz in sich gekehrt.

Ganz im Gegensatz zu jenem klotzigen Monstrum, das Anfang der 60er in der Nachbarschaft in die Höhe wächst, dort wo einst der Kronberger Hof gestanden hat. Dessen Umfassungsmauern und auch der Sockel des Eckerkers stehen mehr als ein Jahrzehnt nach Kriegsende als Mahnmal am Rand einer leeren Fläche, über die man bis zum Kaufhof blickt – doch dann wird die Ruine 1959 auf Betreiben des Stadtplaners Ernst May abgerissen, damit hier das City-Parkhaus gebaut werden kann.

Ein ordinärer Koloss – aber ganz im Sinne der damals propagierten autogerechten Stadt mit breiten Straßen und großen Parkhäusern, denn die ersten Tiefgaragen kommen erst in den 1970ern. Und es wundert nicht, dass die Zweigstelle City-Parkhaus der Stadtsparkasse in den 1960ern dort einen eigenen Auto-Schalter unterhält.

Auf dem Parkhausdach findet sich 39 Jahre lang eine sportliche Attraktion – das Mainzer Excel-Bowling, später City-Bowling. 20 Bahnen gibt es dort oben auf 1400 Quadratmetern, daneben ein Dachlokal mit schöner Aussicht, in den 1980ern ein China-, später dann das erste Mainzer Thai-Restaurant Thong-Garden. Neben der Parkhaus-Einfahrt findet sich das Bistro „Scotch Club" mit Disco im Keller.

Die ganze Erlebnislandschaft auf dem Parkhausdach endet im August 2003 in einer spektakulären Brandkatastrophe. In den frühen Morgenstunden kämpft die Feuerwehr einen stundenlangen, gefährlichen Kampf im lichterloh in Flammen stehenden City-Bowling. Da die Sportstätte keine Fenster, sondern nur ei-

Anstelle des Alten Gymnasiums entsteht mit dem City-Parkhaus ein Beton-Monstrum. 2003 brennt das Dachgeschoss mit City-Bowling und Restaurant aus.

nen Zugang und drei Notausgänge hat, ist es schwer, auch nur in die Nähe des Brandherds zu gelangen.

Die gewaltige Hitze und die Gefahr der Durchzündung der Rauchgase zwingen die Feuerwehrleute immer wieder zum Rückzug, es müssen erst Öffnungen in Dach und Seitenwände gebrochen werden. Stundenlang dauert es, bis das Feuer unter Kontrolle gebracht und gelöscht ist.
Das City-Bowling wird nicht wieder aufgebaut, stattdessen wird das Parkhaus aufgestockt. Damit verschwindet auch das Dachrestaurant mit Panoramafenstern und Blick auf Theater und Dom.

Blick aus der Betzelsstraße auf das Alte Gymnasium und die Gymnasiumstraße.

Blick von der Fuststraße auf die Reste des Alten Gymnasiums und die freie Fläche an der Betzelsstraße zum Kaufhof.

42 Gutenbergbad und Café Bachmann

Franziskaner- und Betzelsstraße trafen einst am Alten Gymnasium zusammen – bis zur neuen Bodenordnung

Aufgeweitet, verbreitert, zu Rollbahnen gemacht, verkürzt und verstümmelt – das Straßenraster der Innenstadt zwischen Langgasse und Schusterstraße, Großer Bleiche und Lu zeigt nur noch in groben Zügen das alte Mainz. Von den Bombern abgeräumt und von Stadtplanern umgebaut, haben sich die Zuschnitte von Straßen und Grundstücken teils sehr verändert. Ein Beispiel ist das Dreieck Betzels-, Franziskaner- und Stadthausstraße.

Das Zauberwort der späten 1950er heißt Bodenordnung. Die städtische Zeitschrift „Das neue Mainz" beklagt damals eine „Vorherrschaft schmalbrüstiger Grundstücke auf kleinsten Parzellen" und will einen „neuen, zeitgemäßen Aufbau". Beauftragt wird eine Firma aus Baden-Baden, die von 1957 bis 1960 insgesamt 320 Parzellen mit 91.000 Quadratmetern in 125 neue Parzellen mit 64.000 Quadratmetern aufteilt. Der Rest wird für Straßenverbreiterungen oder Parkplätze verwendet. Im beschriebenen Dreieck werden aus 23 Parzellen 13, dazu wird die Seppel-Glückert-Passage durchs Areal gelegt.

Die Stadt setze auf Freiwilligkeit, heißt es damals, aber einige, die Teile ihres Grundstücks zugunsten der „Interessen der Allgemeinheit" aufgeben müssen, haben dieses Einvernehmen anders in Erinnerung. Und der Ausgleich ist eher bescheiden.

Besonders gravierend ist, dass Franziskaner- und Betzelsstraße, die einst am Alten Gymnasium zusammentreffen, gekappt werden, um die Platzödnis Am Kronberger Hof zu schaffen. Ein Raum komplett ohne Funktion, nur die Bäume

Der Plan der neuen Bodenordnung zwischen Betzelsstraße (u.), Franziskaner- (l.) und Stadthausstraße (o.). Über die kleinteilige Struktur sind vier große Flächen gelegt, die Platz für die neue Seppel-Glückert-Passage lassen.

Der gleiche Blickwinkel 1942 und um 1962. Wo einst die damals noch längere Franziskanerstraße mit anschließender Kleinen Emmeransgasse verläuft, liegt heute der Kronberger Hof.

haben eine: Ihre Kronen verdecken die fürchterliche Randbebauung, das Parkhaus, dessen Einfahrt und Betonwendel gerade dort plump und obszön auf der Ecke thront, wo einst der filigrane Erker und der schöne Renaissance-Giebel des Kronberger Hofs zu bewundern war.

So öd und weit sich der Platz heute zeigt, so intim und idyllisch ist einst die Kreuzung von Fust-, Gymnasium-, Betzels- und Franziskanerstraße. In Letzterer befand sich einst eine wichtige Institution der öffentlichen Gesundheitspflege – das größte Mainzer Volksbad.

Als Ende des 19. Jahrhunderts unzählige Wohnungen noch kein Bad haben und mangelnde Hygiene in den engen Großstadtvierteln für schlimme Krankheiten sorgt, will man den Bewohnern und Bewohnerinnen den Zugang zu Badegelegenheiten ermöglichen. Das erste Volksbad wird 1890 im Fürstenberger Hof eröffnet, im Jahr darauf das nächste in der Kurfürstenstraße. Das dritte und größte, das „Gutenbergbad", entsteht 1897 in der Franziskanerstraße 1. Es verfügt über sieben Wannen- und fünf Brausebäder für Frauen sowie fünf Wannen- und 13 Brausebäder für Männer.

Die Mainzer und Mainzerinnen strömen ins Volksbad, obwohl der Spaß 10 bis 50 Pfennige kostet. 1900 nehmen sie im „Gutenbergbad" 46.000 Wannen- und 69.000 Brausebäder, in allen drei Einrichtungen zusammen 67 000 beziehungsweise 122.000.

Ein Haus weiter, in der Franziskanerstraße 3 an der Einmündung in die Stadthausstraße, dem Franziskanerplätzchen, findet sich bis zur Zerstörung 1942 eine weitere Institution, wenn auch ganz anderer Natur – das „Brauhaus zum Gutenberg". Der Name rührt daher, dass lange gemutmaßt wird, dort sei das erste Druckhaus Gutenbergs gewesen.
1856 erhält dies neue Nahrung, weil man im Keller die vermeintlichen Reste einer Gutenberg-Presse gefunden haben will – auch wenn

Am Alten Gymnasium (l.) geht es geradeaus in die Betzels-, nach links in die Franziskanerstraße. Das Bild unten zeigt den Blick aus der Gegenrichtung mit dem Brauhaus zum Franzisker, in dessen Hof die Gutenberg-Statue stand, die sich heute in der Uni befindet. Das Bild rechts stammt von 1956, als Studenten aus Protest ihre Bärte wachsen ließen.

Das Café Bachmann ist über Jahrzehnte eine Institution, auch weil die Familie Ziegler, die von 1959 bis 1992 die Konditorei und Bäckerei mit Café betreibt, so beliebt ist. Unvergessen das Kreppelbacken im Schaufenstcr. Dic Bleiglasfenster zeigen angeblich die Grablage Gutenbergs.

Skeptiker sie für eine Apfelkelter halten.
Nichtsdestotrotz zieht der Eigentümer damit über Messen und Märkte, um den Fund gegen Geld zu zeigen, bis er ihn irgendwann an einen reichen Dresdner Gutenberg-Verehrer verkauft. Auch als um 1900 bewiesen ist, dass die Geschichte mit der Druckwerkstatt im Brauereikeller falsch ist, hält sich der Name „Brauhaus zum Gutenberg". Auch aus diesem Grund steht im Hof des Lokals jene schöne Steinbüste des Erfinders der Druckkunst, die nun schon seit 1946 im Forum der Uni steht.

Der Neubau nach dem Krieg heißt „Zum Gutenberg", und über Jahrzehnte ist dort ein beliebtes jugoslawisches Restaurant ansässig.
So, wie das Brauhaus seit 1850 zur Franziskanerstraße gehört, so ist in der Betzelsstraße das Café Bachmann eine feste Größe. Es ist ähnlich alt, allerdings erst in der Mailandsgasse ansässig, dann in der Betzelsgasse 8, um in den 1930er-Jahren an seinen Standort auf der Ecke zum Jesuitenbogen zu ziehen. 1942 zerstört, wird die Bäckerei-Konditorei mit Café als eines der ersten Gebäude in der Betzelsstraße wieder aufgebaut.

Ab 1959 führen der frühere Geselle Emil Ziegler und seine Frau Hilde das Geschäft – und gerade der Bäckermeister ist als überaus freundlich und großzügig beliebt. Er packt gern etwas mehr in die Tüte, ist gerade gegenüber Kindern sehr spendabel, und eine Attraktion ist es auch, wenn er im Schaufenster Kreppel backt. 1992 hören die Zieglers auf und 2007 ist endgültig Schluss mit dem Café Bachmann, wird auch die Leuchtschrift entfernt. Heute ist wieder ein Café dort – das angelehnt an die Hausnummer B 20 heißt.

Von den älteren Geschäften der Betzelsstraße gibt es noch die „Offenbacher Lederwaren", das in klassischer 50er-Jahre-Optik mit gekachelter Fassade, Neonschrift und goldeloxiertem Schaufensterrahmen nebst hölzernem Einbau sehr schön an Wirtschaftswunderzeiten erinnert. Das Geschäft ist jetzt ausgezogen und es ist fraglich, was aus dem Haus mit seiner schönen Ladenfassade wird.
Gegenüber steht bis zur Zerstörung das Stammhaus der bekannten wie weitverzweigten Metzgerfamilie J.B. Falk, die schon seit 1831 in der Betzelsstraße 11 ansässig ist. Nicht weit weg gibt es vorm Krieg in der Vorderen

Offenbacher Lederwaren zeigen noch die typische Ladengestaltung der Wirtschaftswunderzeit mit großen Schaufenstern in leichten Aluprofilen, gefliesten Wandflächen und Leuchtschrift.

Blick um 1958 aus der Gymnasiumstraße am Alten Gymnasium (l.) vorbei in die Betzelsstraße.

Präsenzgasse 10 noch die Ochsenmetzgerei Georg Falk und in der Großen Langgasse 32 die Metzgerei von Joseph Falk.
Vormals soll es noch mehr Falk-Betriebe gegeben haben, da „gern innerhalb der Zunft geheiratet wurde", so eine Festschrift von 1931. Im Adressbuch 1948 findet sich noch ein Wurst- und Fleischversand J.B. Falk – dann wird es still. Das Trümmergrundstück bleibt lange frei, bis die neue Bodenordnung dort aus vielen Parzellen eine große macht, damit die Familie Brenninkmeyer 1961 hier den C&A bauen kann. Das Gebäude passt sich optisch dem 60er-Jahre-Charme des Platzes Am Kronberger Hof an.

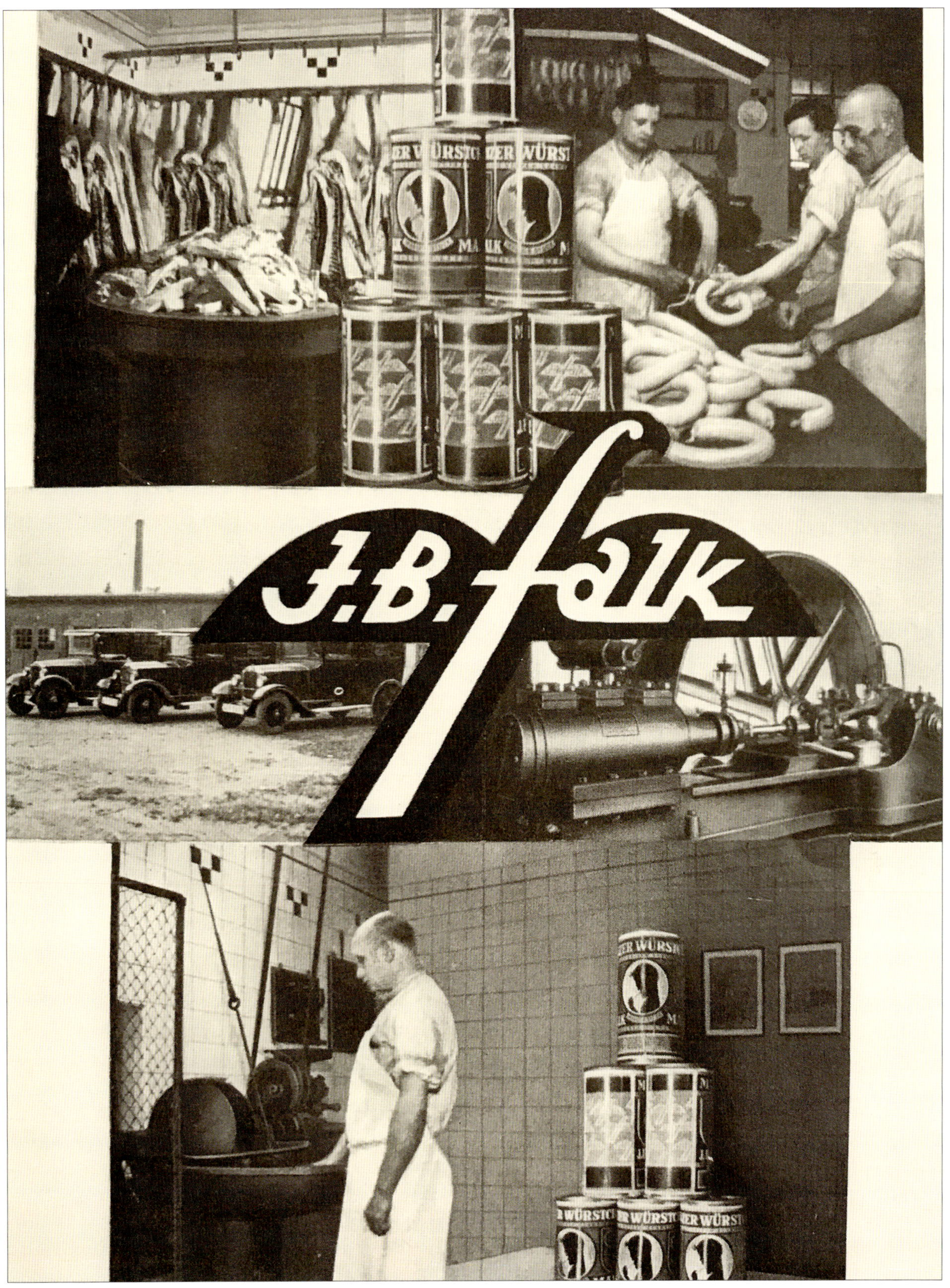

Blick um 1930 in den Betrieb der großen Metzgerei J.B. Falk in der Betzelsstraße, etwas dort, wo heute C&A ist.

Der Kötherhof mit seinem herrlichen Gartenlokal zur Kötherhofstraße hin.

43 Und abends in die „Tangente"

Kötherhofstraße und Spritzengasse: Zwei Sträßchen zum Ausgehen / Von der Bavaria-Bühne übers City-Kino zum „LeBonBon"

Die Kötherhofstraße ein Hotspot? Für Jung-Mainzer ist das heutzutage natürlich eine eher rätselhafte Aussage, aber es gibt Zeiten, da zieht es die Mainzer und Mainzerinnen tatsächlich in Massen in das Sträßchen, das parallel zur Langgasse auf die Inselstraße zuführt. Bis zum Untergang 1945 steht hier der Vergnügungspalast Kötherhof mit Restaurant, Vereinsräumen, Varieté, Konzertgarten und Kino. Gegenüber und wesentlich kleiner, nachgerade winzig und immer überfüllt, liegt ein nächtlicher Anlaufpunkt der 1970er und 1980er – die „Tangente".

Der Kötherhof ist ein Adelshof der Freiherren „Köth von Wanscheid", wird später von einer Casinogesellschaft genutzt und gegen Ende des 19. Jahrhunderts als Restaurant. Ab 1904 trägt das Etablissement nach dem Gebäude den Namen „Kötherhof" und bietet das wohl schönste Gartenlokal der damaligen Innenstadt.

Die vielen Nebenräume des großen, herrschaftlichen Gebäudes dienen Vereinen: Der Mainzer Fechtclub hat hier sein Vereinslokal, „woselbst auch eigener Fechtboden und Klubheim", wie es im Adressbuch 1909 heißt, und ebenso der Verein Jung-Moguntia, dessen Zweck „die Hebung der Geselligkeit" ist. Des Weiteren finden sich hier die „Vereinigung alter Burschenschafter", der „Damenfriseur-, Perückenmacher- und Friseurgehilfen-Verein" (im blauen Zimmer), der „Demokratische Ver-

Der Kötherhof bietet Restaurant, Varieté, Konzertsaal und Räume für viele Vereine.

ein", der „Verein der Nationalliberalen Partei", zeitweise auch der Mainzer Ruder-Verein, dann der „Cyperus-Verein für Aquarien- und Terrarienkunde" sowie der Velociped-(Fahrrad)-Club „Moguntia".

Der Veteranenverein erhält die „Kameradschaft für die am Feldzuge 1870/71 Beteiligten sowie die Erinnerung an den Feldzug". Weiterer Zweck: „Erweisung der letzten Ehre bei Abgang mit dem Tode."

Alt-Mainzer schwärmen lange noch vom bereits erwähnten wunderbaren Garten mit haushohen Platanen und abendlichen Konzerten. Bis weit in den Krieg gibt es Varieté-Vorführungen und auch die 1920 gegründeten Lichtspiele, später Kötherhof-Palast, schließen erst 1944. Ob da schon Bomben das Viertel zerstört haben oder doch erst am 27. Februar '45, ist unklar. Es gibt Erinnerungen an die lichterloh brennenden Platanen, an den Einsturz des mächtigen Dachs des Kötherhofs, von dem nur die Umfassungsmauern bleiben.

Und auch die Kötherhof-Mauern bleiben nicht lange bestehen. Denn rasch beginnt die Enttrümmerung. Zunächst werden die Straßen geräumt, dann fast überall die Mauern eingerissen – vor allem wegen Einsturzgefahr, aber nicht immer. Es bleibt eine leer gefegte Fläche, nur wenige Häuser überleben.

So das Haus „Zum Zirlin" gegenüber des einstigen „Kötherhofs". Ein massiver Bau aus dem Jahr 1669, in dessen hohem Giebeldach sich zweireihig Giebelhäuschen befinden. Ein stolzer Bau, „der als letzter seiner Art den Steinbau wohlhabender Kreise in der Zeit nach dem 30-jährigen Krieg" bezeugt, so die Denkmaltopographie Mainz im zweiten Band über die Altstadt.

Steinbau, Renaissance? Das ist aber weniger

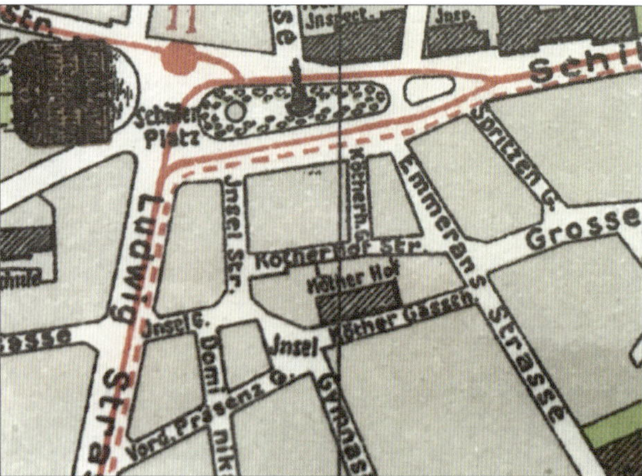

Links die noch unzerstörte Kötherhofstraße um 1943, oben das ganze Gebiet 1945, das genau dem Kartenausschnitt unten entspricht.

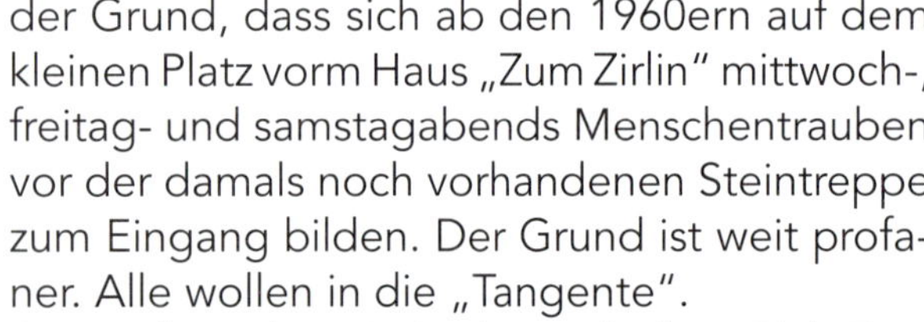

der Grund, dass sich ab den 1960ern auf dem kleinen Platz vorm Haus „Zum Zirlin" mittwoch-, freitag- und samstagabends Menschentrauben vor der damals noch vorhandenen Steintreppe zum Eingang bilden. Der Grund ist weit profaner. Alle wollen in die „Tangente".
Seit Anfang der 1960er hat sich der „Club Tangente" etabliert. Er ist mit dem benachbarten Café „Tangente Jour" Teil einer Kette, die ihren Anfang 1960 in Heidelberg nimmt und von den Partnern Erich Kaub und Roland Kuffler bundesweit ausgebaut wird. Sogar der „Spiegel" widmet 1972 dem Ex-AStA-Chef Kaub, der „am liebsten Sozialist" geworden wäre, eine Geschichte.
„Studentisches Publikum" spricht man an und in der Tat ist die Klientel ein Gegenentwurf zu Discos wie „Clan" (Bauhofstraße), „L'Escalier" (Winterhafen) und „Live" (Parcusstraße), was aber nicht zwingend bedeutet, dass der abendliche Zug durch die Gemeinde nicht alle drei beinhalten kann. Die „Tangente" ist klein und die Sitzbuchten mit Tisch lassen nur wenig Platz für die Tanzfläche. Dennoch ist der Laden unglaublich beliebt und ohne Beziehungen zum Türsteher kann zu den besten Zeiten des Clubs das Warten auf Einlass ewig dauern.

Irgendwann in den 1990ern ist der Ofen aber aus, auch „in der Jour". Dort ist heute das Steakhaus „El Chico", und wo der Club war, findet sich die Cocktailbar „Santiago". Kaub und Kuffler trennen sich erst in den 90ern, und Letzterer reüssiert in der gehobenen Gastronomie, ist in Frankfurt und Wiesbaden mit Top-Adressen vertreten. Und die Kuffler-Gruppe ist 2019 in den Schlagzeilen, weil sie offenlegt, welche Rabatte sie Wiesbadens Ex-OB

Jeder kennt das Haus mit seinem charakteristischen hohen Dachstuhl im Herzen von Mainz: „Zum Zierlin“. Hier, in einem der schönsten spätgotischen Bauten Rheinhessens, hat die alteingesessene Firma

MÖBEL-SCHNORRENBERGER

ihren Sitz. Das wertvolle historische Gebäude wurde bereits im Jahre 1309 urkundlich erwähnt und erhielt 1669 seine endgültige Gestalt. Wie so vieles andere Kulturgut, fiel auch dieses Haus den Bomben zum Opfer. Aber der Inhaber der Firma, Emil Günther, ließ unter großen Schwierigkeiten das mit der Tradition seines Geschäftes verbundene Gebäude getreu im alten Stile wieder erstehen. Schöne Möbel gehören in ein schönes Haus. Die Firma Schnorrenberger erfüllt diese Forderungen auf ideale Weise. In 25 Ausstellungsräumen kann sie eine Schau geschmackvoller Möbel und eine Wohnkultur vorführen, die jeden Besucher begeistert. Die Leistungsfähigkeit der Firma hat ihren Ruf weit über die Grenzen unserer Stadt getragen.

Ri.

Das im Krieg zerstörte Haus „Zum Zirlin" wird nach dem Vorbild aufgebaut. Erst findet sich hier ein Möbelgeschäft, später die Clubdisco „Tangente".

Nach rechts geht es von der Großen Langgasse in die Spritzengasse, das große Gebäude ist das Katholische Gesellenhaus.

Gerich bei Aufenthalten in München gewährt hat und wie oft er in der Villa der befreundeten Familie in St. Tropez zu Gast gewesen ist. Die Zeiten des „studentischen Publikums" sind halt lange vorbei.

Neben der Kötherhofstraße gibt es einst parallel noch die Köthergasse, die aber wie die Insel Ende der 1950er in der vierspurigen Rollbahn der Großen Langgasse aufgeht. Unverändert vom Zuschnitt her ist die Spritzengasse, die etwas nördlich vom Schillerplatz zur Großen Langgasse führt, an deren Ecke einst das Katholische Gesellenhaus steht.

Es ist ein imposanter Bau mit gelber, rotgebänderter Ziegelfassade, historisierendem Fachwerkgeschoss und Eckerker sowie mächtigen Giebelgauben. Auf Initiative von Bischof von Ketteler wird der katholische Gesellenverein bereits 1851 gegründet, um den 3000 Handwerksgesellen, die man in der Stadt zählt, Bil-

Das Hotel Bavaria an der Ecke Spritzengasse / Schillerplatz hat einen großen Konzertsaal, der später ein Kino wird. Später zieht hier das City-Kino ein, dann das Theater im City, heute ist hier das Restaurant Le BonBon daheim.

dung und soziale Bindung zu geben. Als um 1867 das erste Gesellenhaus an der Spritzengasse eröffnet wird, gibt es dort auch Unterkünfte. Das hier gezeigte Haus ist bereits das dritte in der Spritzengasse, erbaut 1897. Als es in den 1920er Jahren unzeitgemäß ist, erbaut man in der Großen Bleiche das Kolpinghaus.

Die Spritzengasse ist ebenfalls nachtaktiv wie die Kötherhofstraße. Zunächst findet sich dort an der Ecke zum Schillerplatz das Hotel „Bavaria" mit Konzertsaal, in dem dann 1951 die Bavaria-Lichtspiele eröffnet werden. Ein kleines Kino mit 200 Plätzen und sechs Vorstellungen am Tag, das später zum Non-Stopp-Kino wird. Das sind Kinos, in denen ein Film in Endlosschleife läuft, die man jederzeit betreten und verlassen kann. An regnerischen Tagen und auch sonst ein beliebter Treff für Liebespaare, da man sich hier stundenlang aufhalten kann. Im Dunkeln ist gut munkeln, wie es heißt.

1967 gibt es erneut eine Konzeptänderung, nun unter neuem Namen. Im „City-Kino" gibt es ambitionierte Filmkunst, Filme, die hier klein starten und später groß rauskommen: Milos Formans „Einer flog über das Kuckucksnest" mit Jack Nicholson oder „Das Leben des Brian" von Monty Python. Und noch etwas ist besonders hier: Das „City" ist das erste Mainzer Kino mit Raucherlaubnis. Die extrabreiten Sessel haben in der Armlehne nicht nur eine Vertiefung fürs Getränk, sondern auch einen Aschenbecher.

Mitte der 1990er ist Schluss fürs „City", dann wird das Kino als Studiobühne TiC des Staatstheaters bespielt, bevor 2016 mit dem „LeBonBon" des gastronomisch ungemein findigen Gebrüder-Trios Kamil, Özgür und Veli Ivecen ein kulinarischer Hotspot entsteht.

Wenn das Le BonBon feiert, lebt die Spritzengasse auf.

Wo einst im City-Kino Filme wie „Einer flog über das Kuckucksnest" oder „Das Leben des Brian" laufen, gibt es heute nicht nur feine Tafelfreuden, sondern auch eine exquisite Bar.

Der Platz vor der Insel, links geht es in die Gymnasiumstraße. Heute würde der Fotograf auf der Langgasse stehen.

44 Der Gründungsort von Mainz 05

Die Insel – heute führt die Große Langgasse darüber / Wie der fast vergessene Name wieder auftauchte

Die Insel? Vor 20 Jahren noch ist der Name so gut wie vergessen. Kein Wunder, ist der Platz doch im Krieg untergegangen, bevor er in den 1950ern aus dem Straßenverzeichnis verschwindet. Doch 2005 passiert Erstaunliches, denn der alte Name taucht aus dem Dunkel der Geschichte wieder auf – im Zusammenhang mit dem 100-jährigen von Mainz 05 und der Erinnerung an dessen ersten Präsidenten Eugen Salomon. Statt sich aber über die Wiederkehr des alten Namens zu freuen, verpasst der Ortsbeirat Altstadt dem Platz einen anderen Namen. Chance vertan.

Das „Café Neuf", Gründungsort von Mainz 05. Heute würde man von diesem Standort zur Lu und weiter zur Weißliliengasse blicken.

1687 wird die Insel das erste Mal erwähnt und ein Blick auf einen alten Stadtplan (s. S. 64) erklärt den kuriosen Namen. Da sieht man einen kleinen Komplex aus wenigen Häusern,

In der heute noch existierenden Inselstraße vom Schillerplatz zur Langgasse gibt es das Weinrestaurant „Bodega".

Rücken an Rücken zwischen Dominikanerstraße, Vorderer Präsenzgasse, Gymnasiumsstraße und Köthergässchen – eben wie eine Insel. So heißt das Häuserkarree, aber auch der Platz zur Gymnasiumstraße hin. Nur eine schmale Straße führt zur Ludwigsstraße, die Inselgasse, die nach dem Krieg in der Langgasse aufgegangen ist. Sie ist aber nicht zu verwechseln mit der Inselstraße, die es hier bis heute noch gibt.

Es ist ein kleines Viertel mit Bäcker, Buchhandlung, Viktualienhandel und Cafés. An der Inselgasse zur Ludwigsstraße gibt es eine kleine Brauerei mit Ausschank, die 1860 von der Aktienbrauerei geschluckt wird, und in der Inselstraße 2 das Weinrestaurant „Bodega" von J. Ritz – „bekannt durch vorzügliche Küche, Originalweine eigener Kellerei, sämtliche Saison-Delikatessen".

Die Inselstraße führt vom Schillerplatz zwischen den „Cafés Extrablatt" und „Wallenstein" zur Großen Langgasse, der einst vierspurigen Rollbahn aus Zeiten des Autowahns. Die ist seit dem Umbau ab 2018 wieder auf ein menschenverträgliches Maß geschrumpft und so muss man sich nicht mehr unmittelbarer Lebensgefahr aussetzen, um sich die alte Situation der Insel zu vergegenwärtigen. Tritt man aus der Inselstraße, wendet sich etwas nach links und geht dann zum neuen Fahrbahnteiler auf der Langgasse, steht man in etwa dort, wo sich bis zur Zerstörung das linke Eckhaus des kleinen, nur ein paar Hausnummern umfassenden Häuservierecks befindet. Insel 6 – das „Café Neuf".

Kaffeewirt Friedrich Schmelz richtet es 1860 ein, die Besitzer wechseln, aber der Name bleibt; auch als Karl Werger, Besitzer der Wormser Brauerei „Zu den Zwölf Aposteln", 1887 das Gebäude kauft. Um 1905 betreibt Franz Plengorth das Lokal, wirbt an der Fassade mit dem Schriftzug „Diners von 12 bis 2 Uhr" und für das Apostel-Bräu des Hauseigentümers.

Ob die jungen Herren, die dort am 16. März 1905 einen noch namenlosen Fußballverein ins Leben rufen, die Neugründung ausgerechnet mit diesem Wormser Bier begießen, das ist nicht überliefert. Aber die Hassia 05, wie der

Verein bald heißt, bleibt mit ihrem ersten Präsidenten Eugen Salomon dem „Café Neuf" treu und fusioniert hier am 16. August 1912 mit dem Konkurrenten Hermania 07 zu Mainz 05.

Das alte Gebäude ist da aber schon verschwunden, dort steht seit 1907 ein Neubau. 1942 wird er vernichtet, aber da heißt das „Café Neuf" schon lange nicht mehr so: Im Kriegsjahr 1915 wird der französisch, also feindlich klingende Name in „Apostelhof" geändert, nach der Brauerei.

Das Adressbuch von 1909 sieht hier eine bunt gemischte Anwohnerschaft: Ein Arzt wohnt da ebenso wie ein Schreiner, ein Sattler oder ein Militär- und Civilschneider. Hier ist ein Hausbursche daheim, ein Bureaudiener, eine Eierhändlerin, ein Glöckner und dann wieder Privatiers, meist die Eigentümer der Häuser daselbst. Die Mischung erklärt sich auch durch die Aufteilung der Häuser damals: In der besseren ersten Eta-

Der Neubau des „Café Neuf" von 1907 (l.) und dessen Rückseite zur Lu, als es schon Apostelhof heißt. 1915 umbenannt aus patriotischen Gründen.

ge lebt gern der Hausbesitzer, selbstständiger Handwerksmeister oder ein Kaufmann, unterm Dachjuchee und im Souterrain, so vorhanden, dann das einfache Volk.

Der kleine Platz ist ein Licht- und Luftspender im Gewirr der Sträßchen und Gässchen, deren Enge heute nicht mehr vorstellbar ist. Als die Bomben hier schon 1942 Tabula rasa machen, bleibt von der Insel nur das sinnlos wirkende Straßenraster, das durch die alten Bordsteine markiert wird, und der kleine Platz, der leer und öde im Nichts liegt. Als ab den 1950ern schließlich die Langgasse hier vielspurig zur Ludwigsstraße durchbricht, ist es auch damit vorbei. Die Insel versinkt im Verkehr.

Erhalten geblieben ist gleich in der Nachbarschaft das Karree zwischen Gymnasium- und Dominikanerstraße, die heute beide noch existieren, wo aber kein Stein der Vorkriegszeit mehr steht. Und auch dort verblasst langsam die Erinnerung. Leider.

Wie schön ist es da, dass ausgerechnet der untergegangene Name der Insel wieder lebendig geworden ist – die Geschichte vom kleinen Viertel und vom „Café Neuf", von Eugen Salomon und seinen wackeren 05ern. Und wie schön, dass mit der Umgestaltung der Großen Langgasse die Insel vom Parkplatz wieder zu einem echten Platz geworden ist. Doch statt diesen schönen Wink zu erkennen und das

Heinr. Badeck & Raas
Mainz
Vordere Präsenzgasse 1, Ecke Dominikanerstraße
Feine Herren-Maßschneiderei
Verkauf in- und ausländischer Stoffe
Sämtliche Reparaturen bei billigster Berechnung
Die Bedienung ist wie bekannt gut und reell.

Blick von der Lu in die Vordere Präsenzgasse Richtung Insel bei einem Rosenmontagszug in den 30ern mit einem antisemitischen Motivwagen.

kleine Stück Alt-Mainz wieder aufleben zu lassen, hat der Ortsbeirat Altstadt angeregt, der Insel einen neuen Namen zu geben – den der hochverdienten einstigen SPD-Beigeordneten Dr. Gisela Thews, die 2014 mit 83 Jahren verstorben ist.

Von 1983 bis 1988 ist sie die vorletzte Ortsvorsteherin des einstigen Groß-Stadtteils Innenstadt mit Altstadt, Neustadt, Oberstadt und Hartenberg-Münchfeld, dann wird die Ärztin Dezernentin für Gesundheit, Grün, Umwelt und Stadtsanierung – Gründe genug also, ihr eine Straße oder einen Platz zu widmen. Dass es ausgerechnet die Insel ist, wird ihr nicht gerecht. Es wäre tragisch, wenn sich der sperrig zu sprechende Name Dr.-Gisela-Thews-Platz nicht durchsetzt und die Leute den Ort weiter Insel nennen. In Erinnerung an die Gründung von Mainz 05.

Das leergefegte Gebiet um die Insel 1948 mit Blick zum Theater. Das rechte Bild zeigt den Platz der Insel heute (auf dem alten Bild die Fläche oberhalb der Insel, Blick von rechts nach links).

Die „Rheingauer Weinstube" ist ein besseres Lokal, in dem sich auch Künstlervereine treffen.

45 Licht, Feuer und die Hölle

Die Dominikanerstraße: Von einer alten Laterne, großen Fastnachtssitzungen, einem Skandälchen und Maria Furtwängler

Sie ist ziemlich kurz und eigentlich recht unscheinbar. Dafür ist die Dominikanerstraße reich an Geschichte und Geschichten, und hierbei spielen Begriffe wie Licht, Feuer und Hölle eine bedeutende Rolle. Auch wenn das Sträßchen so gar nicht danach aussieht.

So gehört die Dominikanerstraße zwar nicht zu den strahlendsten Straßen, ist aber doch lange Jahre das Ziel abendlicher Führungen. Denn neben „Samen Kämpf", heute „Kostümkaufhaus Deiters", steht dort bis vor wenigen Jahren die älteste Straßenlaterne der Stadt – Baujahr 1853. Damit ist sie älter als die öffentliche Mainzer Gasbeleuchtung selbst, die erst 1855 mit Eröffnung des Gaswerks in der Weisenauer Straße die Petroleumleuchten ablöst.

Etwa da, wo heute die Schaufenster von Deiters enden, beginnt einst die Front eines stattlichen Gebäudes, das 40 Jahre große Bedeutung für die Stadt hat – die Fruchthalle. Ende der 1830er-Jahre wird sie auf den Trümmern des 1793 zerschossenen Dominikanerklosters erbaut. Sie liegt – 49 Meter lang und 35 Meter breit – zwischen Gymnasiums- und Dominikanerstraße.

Aber auch wenn es „eine primitive Halle mit luftigem Dachgebälk" ist, wie einst ein Zeitzeuge urteilt, so erlebt sie doch sehr viel mehr als ihr vom Namen her eigentlich zugedacht ist. Wobei der Begriff Frucht nicht im Sinne von Obst gemeint ist, sondern Getreide meint, das man damals als Frucht bezeichnet. Als Getreidebör-

Die Fruchthalle ist bis zu ihrem Brand 1876 die größte Veranstaltungshalle der Stadt. Hier wird bei einer Blumenschau der Triton gezeigt, der später den gleichnamigen Brunnen (u.) auf dem Tritonsplatz schmückt.

se und Markthalle wird sie genutzt, dann turnen hier die 1817er, exerziert auch das Zuchthauskommando der 117er, aber mit großem Podium und Galerien sind in der Halle auch jedwede Feierlichkeiten daheim: Große Versammlungen, Ausstellungen, festliche Bankette, Versteigerungen und der Flugpionier Paul Haenlein lässt im 16 Meter hohen Saal anno 1871 das Modell eines Luftschiffs steigen.

In dem wunderbaren Büchlein „Aus dem alten Mainz" von 1908 erinnert sich der damals schon betagte Autor: „1863 hatten wir eine Blumenausstellung, wie wir bis heute keine gleiche wieder gesehen haben. ... In der Mitte war ein bis beinahe zur Decke reichendes Arrangement von Palmen und Blumen von gewaltiger Dimension und ringsherum Blumensträucher bis oben auf die Galerien in satter Farbenpracht. ... Diese Ausstellung wurde am 14. April vom Großherzog von Baden nebst Gemahlin sowie vom Herzog von Nassau und Gemahlin besucht. Alles war entzückt über das Gebotene."
Bei dieser Ausstellung wird auch eine Plastik gezeigt, ein Triton, der später gar nicht unweit den Brunnen hinter dem Theater schmückt. Er gibt dem Platz, auf den die Dominikaner Straße zuläuft, auch seinen Namen. Allerdings ist die Brunnenfigur ein aus Haltbarkeitsgründen angefertigter Zementabguss der Ausstellungsplastik. Während der Abguss im Stadtpark steht, findet sich das Original des Bildhauers Valentin Barth in einem erhaltenen Pavillon neben seiner alten Werkstatt in der Goldenbrunnengasse.
Unschätzbar ist die Fruchthalle als damals größter Versammlungsort der Stadt vor allem aber für die Fastnacht. Tausende strömen allabendlich durch die drei Torbögen in der Dominikanerstraße zu den Sitzungen und Bällen. Doch der Ball am Fastnachtsdienstag 1876, ein 29. Februar, ist der letzte an diesem Ort, denn

Als die Rheingauer Weinstube 1929/30 NSDAP-Treff und SA-Sturmlokal wird, gehen die bürgerlichen Vereine.

in der Nacht zum 18. August 1876 geht die Fruchthalle in einem Flammenmeer unter.

Was nun folgt, ist beispielhaft, denn die Mainzer klagen nicht lange, sondern beginnen umgehend mit der Planung einer Stadthalle. Sie kommt stromaufwärts der neuen Straßenbrücke auf dem aufgeschütteten Gelände zu stehen und wird 1884 fertiggestellt. Als damals größte Halle dieser Art in Deutschland (s. ***Mainzer Stadtspaziergänge Bd. I***, S. 96-99).

Nach dem Brand wird das freie Gelände nun aber nicht mehr als Ganzes genutzt, sondern in kleine Parzellen aufgeteilt. Geschäfts- und Wohnhäuser entstehen, in der Dominikanerstraße finden sich aber auch drei Gaststätten, in der Nr. 2, der Nr. 4 und in der Nr. 8, gegenüber der ältesten Mainzer Straßenlaterne. Dort ist lange die „Rheingauer Weinstube" daheim, bevor das „Würzburger Bürgerbräu" in den späten 1920ern für einen üblen Ruf sorgt – als SA-Treff.

1929 bietet Wirt Hugo Briel sein „Bürgerbräu" der NSDAP als Parteilokal an und auch der SA. Die gibt ihr bisheriges „Sturmlokal" in der „Gaststätte Fuchs" am Alicenplatz auf, doch dafür verliert der Wirt andere Gäste: den katholischen Männergesangsverein, den Theaterstammtisch „Grüner Hahn" und auch die katholische studentische Vereinigung. Weil die SA auf der Dominikanerstraße immer wieder Schlägereien anzettelt, ordnet die Stadt eine frühere Sperrstunde an.

Noch vor der Machtergreifung ist Briel pleite, während sein Nachbar in der Dominikanerstraße Nr. 6, Fritz Saurmann, der dort das Naziblatt „Mainzer Warte" produziert, reüssiert. Er wird 1933 städtischer Beigeordneter für Kultur, und in dieser Funktion presst er alle Mainzer Fastnachtskorporationen in ein enges Korsett. Nur jene, die sich als Vereine eintragen lassen, dürfen weitermachen – um die Zulassung zu erlangen, müssen sie aber ihre jüdischen Mitglieder rauswerfen.
In der „Warte" kündigt er „eine strenge Zentralisation des karnevalistischen Lebens" an: „Die große Zahl der kleinen Garden, die ... zu einer Landplage wurden, wird verschwinden ... Gegen die Hochflut karnevalistischer Veranstaltungen von unberufener Seite wird eingeschritten ..."

Auch der MCV wird ein Verein und gehört zur NS-Gemeinschaft „Kraft durch Freude" (KdF), die durch günstige Vergnügungen aller Art die Arbeitskraft erhalten soll. Ende 1934 wird Saurmann schließlich MCV-Chef und bald darauf zieht die Geschäftsstelle in die Dominikanerstraße 6, ins Haus von Saurmanns „Mainzer Warte". Nach ein paar Jahren fällt er bei den Nazis in Ungnade und muss beim MCV sowie als Beigeordneter abtreten.

Die Folgen des Nazi-Größenwahns lassen sich 1945 in der Dominikanerstraße gut ablesen: Kein Stein steht mehr. Und auch zehn Jahre später notiert das Adressbuch hinter mancher Hausnummer „zerstört". Aufgebaut ist die Nr. 4, und im 2. Stock stehen die Namen Heye und Koppermann – zwei Frauen, die später zu Roman- und TV-Ehren kommen. Es ist die Flüchtlingsgeschichte von Ursula Heye und ihren Kindern Bärbel (Bonewitz) und Uwe-Karsten (später Regierungssprecher bei Gerhard Schröder).

1945 um Haaresbreite dem Tod auf der „Gustloff" entkommen, stranden die Heyes erst in Rostock, 1951 in Hamburg, aber das ist noch nicht die Endstation. Die beste Freundin der Mutter, Opernsängerin Norah Koppermann, geht ans Theater Mainz und Ursula Heye will mit – die Kinder nicht. Erste Station ist die Dominikanerstraße 4, wo der Hausbesitzer an Familien nicht Wohnungen, sondern zur Gewinnmaximierung nur einzelne Zimmer vermietet. „Jeden Morgen mussten wir ein Bett hochklappen, damit wir vier Platz hatten", erzählt später Bärbel Bonewitz. Für Hausaufgaben reicht der Platz nicht, „aber die Besitzerin vom Café Bachmann in der Betzelsstraße hat uns erlaubt, dass wir sie dort machen."
Uwe-Carsten Heye schreibt über die Familiengeschichte den Roman „Vom Glück nur ein Schatten", der 2011 mit Maria Furtwängler in der Rolle der Ursula Heye verfilmt wird.

Bekanntheit erlangt das schmucklose Haus ab den 1980ern durch grell orange beklebte Schaufenster und Eingangstür sowie die gleichfarbige Leuchtwerbung – die Lockfarben der „Bar zur Hölle". Ob es nun die Farben oder die angepriesenen Live-Dildo-Schlangen-Strip-Shows sind, die vor vielen Jahren einen Mitarbeiter der Landtags-CDU anlocken, ist unklar, auf jeden Fall soll er seinen „Deckel" von 3700 Euro mit der Fraktionskreditkarte beglichen haben. Übrigens nicht sein einziger Ausflug ins Nachtleben auf christdemokratische Kosten – woraus dann eine kleine Schmuddelaffäre wird.

Seit 2017 ist die „Hölle" kalt, doch nach zweijährigem Leerstand zieht 2019 eine Tanzbar ein. In Anlehnung an den alten Namen schlägt jemand den Namen „Fahr zur Hölle" vor, doch

Die „Bar zur Hölle" ist Schauplatz eines kleinen CDU-Skandals.

Luftbild von 1945: Unten in der Mitte das Häuserkarree der Insel, links außen in der Mitte St. Emmeran, die große freie Fläche liegt zwischen Dominikanerstraße (r.) und Gymnasiumstraße. Letztere führt direkt weiter in die diagonal nach oben verlaufende Betzelsstraße. Von oben in der Ecke führt schräg nach links die Stadthausstraße.

Blick von der Fust- in die Dominikanerstraße. Das „Kostümkaufhaus Deiters" folgte vor einigen Jahren dem Mainzer Traditionsgeschäft „Samen-Kämpf" nach.

dann firmiert die Mischung aus Bar und Club unter „Nachtlager". Wie einst bis in die frühen Morgenstunden, aber ganz ohne Shows. Doch nach ein paar Monaten ist auch damit wieder Schluss. Ein Leerstand mehr in Mainz.

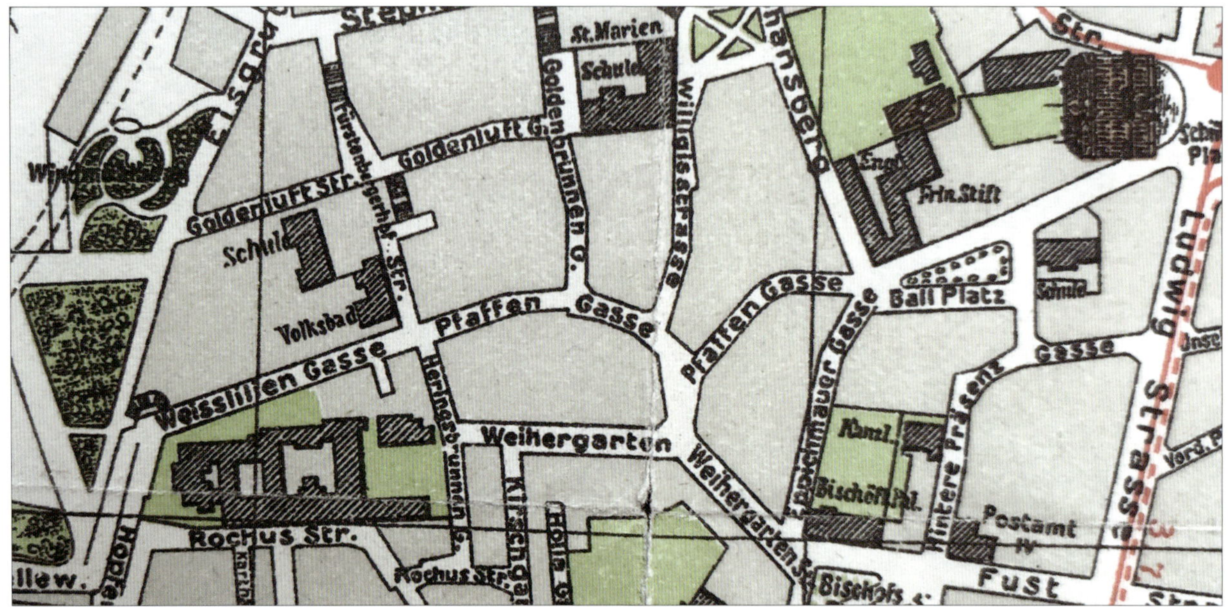

Das Straßennetz, bevor die Altstadttangente von der Lu zur Weißliliengasse geschlagen wird.

46 Kahlschlag in den Altstadtgassen

Die Weißliliengasse: Vom kleinen Sträßchen zur Asphaltschneise – aber das war noch das kleinere Übel

Manchem, was schlecht ist, wohnt auch etwas Gutes inne – denn es hätte ja noch schlimmer kommen können. Vielleicht sogar auch viel schlimmer. Mit das beste Mainzer Beispiel hierfür ist die Weißliliengasse. Sie ist weitenteils eine brutale Asphaltschneise, deren protzige Breite zwar durch die Busspur wenigstens nachträglich einen tieferen Sinn erfahren hat, aber die Altstadt vom Viertel am Stefansberg trennt. Und dennoch: Gegen jene Pläne, die das Tiefbauamt 1964 zunächst vorlegt, geht die heutige mehrspurige Straße noch als lauschiges Altstadtgässchen durch.

Hintergrund ist der schon in den 1950er-Jahren gereifte Plan, für eine autogerechte Stadt eine Straße um den Altstadtkern herumzuführen. Von der Großen Bleiche über die Große Langgasse weiter zum Südbahnhof und bis zur Rheinstraße. Ende der 1950er beginnt man mit dem Ausbau der Langgasse, ab den frühen 1970ern folgt peu à peu der südliche Teil jenseits der Lu.

Bis dahin hat das Viertel zwischen der Ludwigsstraße und der Gegend um den Holzhof keine gerade, durchgehende Straße. Die alte Weißliliengasse, die ihren Namen nach einem Haus „Zur Weißen Lilie" trägt, ist ehedem auch sehr viel kürzer. Sie beginnt an der Biegung am heutigen Eisgrubbräu und endet bereits an der Heringsbrunnengasse gegenüber der Fürstenbergerhof- / Martinusschule, wo sie bis zum Bau der Altstadttangente in die einst noch viel längere, allerdings auch nicht schnurgerade verlaufende Pfaffengasse übergeht. Bis in die 1860er-Jahre liegt hier an der Weißliliengasse noch der letzte Weinberg innerhalb der Festungsmauern.

Es ist ein Gewirr von krummen Gassen und Gässchen und immer wieder führen Straßen den Stefansberg hinauf: Eppichmauergasse, Willigisstraße oder Goldenbrunnengasse und Fürstenbergerhofstraße, die beide an einer Treppe enden. Auf diesen Sträßchen liegt immer noch das schöne alte Kopfsteinpflaster.

Der Plan für die Verkehrsachse an der Westseite der Altstadt geht auf Stadtplaner Egon

Blick von St. Stephan auf das Dächergewirr rund um Ballplatz, Pfaffengasse, Eppichmauergasse.

Hartmann und seinen Verkehrsplan von 1958 zurück und wird 1964 präzisiert. Doch die Variante der Mitt-60er-Jahre soll einen ganz anderen Weg nehmen, als wir ihn heute kennen.

So sieht der 1964er-Plan in Höhe der heutigen Polizeiinspektion 1 eine groß dimensionierte Kreuzung vor, von der die Altstadttangente nach links schwenkt und dann vierspurig über Weihergarten, Heringsbrunnengasse, Rochus- und Schönbornstraße hinweg die Holzhofstraße erreicht. Die gesamte historische Bausubstanz, die dort den Krieg überlebt hat, soll dafür plattgemacht werden. Genauso wie der wunderbare Weihergarten, in dem der Schott-Musikverlag seinen Sitz hat.
Schon vorm Rochusstift soll dann ein riesiges kreuzungsfreies Überwerfungsbauwerk beginnen, das bis zur Dagobertstraße reicht. Damit soll die Stadtkerntangente beginnen, die

Gaststätte in jenem Teil der Pfaffengasse, die beim Bau der Altstadttangente in der Weißliliengasse aufgegangen ist.

Der ursprüngliche Plan der Altstadttangente von 1964: Sie führt von der Lu bis zu einer Kreuzung kurz vor der heutigen Polizeiinspektion, um dann nach Osten zu schwenken und über Weihergarten, Rochus- und Schönbornstraße hinweg die Holzhofstraße zu erreichen. Die gut erhaltene historische Bebauung wäre abgerissen worden, viel wäre auch unter dem großen Kreuzungs- und Einfädelungsbauwerk (ähnlich wie auf einer Autobahn) verschwunden, das bis Graben und Dagobertstraße reicht.

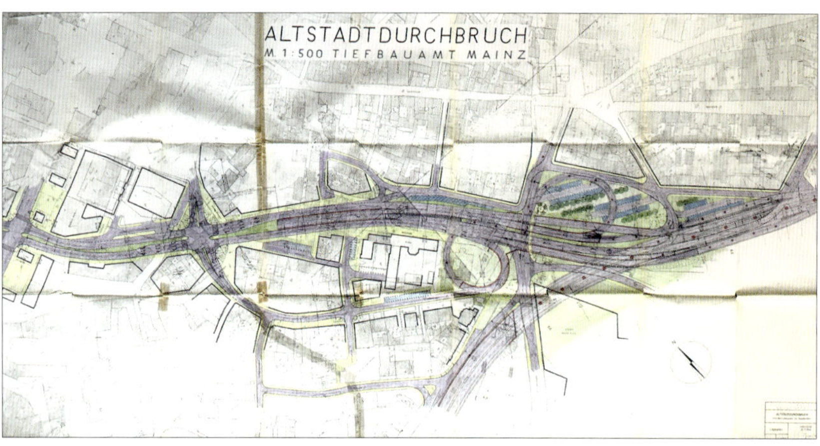

Die Altstadt

Stadtteilausgabe der Rhein-Main-Umschau für die Mainzer Altstadt Nr. 5/79

Ein Trauerspiel:

Klavier-Bauer wird d-molliert

Ab- = Rechtsbruch?

Um den Abbruch des „Klavier-Bauer" zu verhindern, kam es zur ersten Hausbesetzung in Mainz – vergeblich.

vierspurig von der Mombacher Straße hinter dem Hauptbahnhof herkommt und durch die Wallanlagen und den Eisgrubweg hinunter die Weißliliengasse erreicht.
Der Plan auf dieser Seite zeigt, was Mainz erspart geblieben ist. Und es ist nicht mehr nachzuvollziehen, was alles dem Auto geopfert werden sollte. Doch bereits Ende der 1960er ist der Wahn von der autogerechten Stadt in seiner schlimmsten Form wieder vorbei. Die Altstadttangente kommt in der abgespeckten, heute bekannten Gestalt.

Dennoch müssen Gassen und Häuser weichen und mancher Bürger wehrt sich. Ein heftiger Kampf entbrennt etwa um das Haus Pfaffengasse 16 – den Klavier-Bauer. 1979 gibt es dort die erste Mainzer Hausbesetzung durch 30 wohnungssuchende Studenten, allerdings nicht lange. Im Februar 1980 stürzt die Eckfassade Weihergartenstraße / Pfaffengasse überraschend ein und begräbt vier Autos unter sich. Und bis heute hält sich hartnäckig die Geschichte, dass Karl Delorme, der für die Altstadtsanierung zuständige Dezernent, für den Einsturz verantwortlich sein soll. Er habe damals das Gebäude unter Wasser setzen lassen, um es für die Besetzer unbewohnbar zu machen, heißt es.

Delorme, der als Sozialdezernent bei den

Blick vom Hertie-Parkhaus (o.) auf den Durchbruch der Weißliliengasse, rechts Eppichmauergasse. In der Mitte die Rückseite der Ballplatzbebauung, die der Altstadttangente weichen muss. Unten wird in der Pfaffengasse das alte Engelhaus der Maria-Ward-Schule abgerissen.

Mainzern unglaublich beliebt ist, bringt als Kind der Altstadt und den alten Häusern mit ihren dunklen Wohnungen ohne Bad und WC wenig romantische Gefühle entgegen. Er will eine sanierte, helle und vor allem menschenfreundliche Altstadt. Dafür werden die Hinterhöfe entkernt, und wenn es nicht anders geht, sollen alte Häuser weichen.

Doch die Sanierung, gerade dort, wo abgerissen wird, passt nicht jedem. Für die Autoren der linken Stadtteilzeitung „Die Altstadt" ist ihr Viertel „ein beliebtes Tummelfeld für Betonierer, Asphaltierer und notorische Zer-Sanierer", und sie nennen die Zerstörung von Häusern nicht demolieren, sondern „delormieren".
Auch wenn Fehler gemacht werden – fair ist das nicht. Denn Karl Delorme kämpft für die Bewohner des heruntergekommenen Viertels,

OB Jockel Fuchs (r.) führt um 1970 den damaligen Bundesbauminister Lauritz Lauritzen durch die sanierungsbedürftige Altstadt. Im Hintergrund das Gebäude des „Quartier Mayence".

in dem die Hälfte der Wohnungen auch Ende der 1960er noch keine eigene Toilette hat. Und vor allem nimmt er auch keine Rücksicht auf die eigenen Gefühle: Als für die Altstadttangente sein eigenes Elternhaus in der Eppichmauergasse abgerissen werden muss, soll er nicht mit der Wimper gezuckt haben.

Im Vordergrund der Fürstenberger Hof-Weinberg, darunter die Häuser der Weißliliengasse.

47 Karol Wojtyla zu Besuch

Bevor der Kardinal Papst wird, besucht er den Uni-Rektor Schneider an der Goldenluft

Die Weißliliengasse ist einst nur auf der Domseite bebaut, während sich auf dem Hang gegenüber der letzte Mainzer Innenstadtweinberg befindet. Erst als 1864 der Fürstenberger Hof versteigert wird, werden im oberen Teil entlang des Eisgrubwegs Villen gebaut. Da oben wohnt an der Ecke zur Stefansstraße Carl Zuckmayers Onkel (heute Sitz der katholischen Studentenverbindung Rhenania-Moguntia), darunter der Lackfabrikant Marx, während unten an der Weißliliengasse repräsentative Wohnhäuser wie der Palazzo entstehen. Dazwischen durchschneidet die Goldenluftgasse auf halber Höhe das Gelände, wo die Fürstenbergerhofschule entsteht.

Blick von St. Stephan auf die Goldenluft mit der Fürstenberghofschule und Stefansstraße und rechts Häuser der Großen Weißgasse. Ganz hinten Main-Mündung und Südbrücke.

Der Straßenname erinnert an ein einstiges Haus „Zur Guldnen Luft", wie auch der südöstliche Hang des Stefansberges seit dem Spätmittelalter „Goldenluft" heißt. Aber während dieser Name im Allgemeinen auf die gute Luft hier zurückgeführt wird, die sogar dafür gesorgt haben soll, das Viertel einst vor der Pest zu verschonen, gibt es auch andere Deutungen. Zum Beispie könnte eine zugige, windige Stelle gemeint sein, während Rita Heuser in ihrem großartigen Werk „Namen der Mainzer Straßen und Örtlichkeiten" (Steiner Verlag Stuttgart, 2008) noch eine andere denkbare Lesart ins Spiel bringt:
„Möglicherweise handelt es sich um eine beschönigende Bezeichnung für einen Bezirk mit schlechter Luft, von unsauberer Umgebung oder mit Bewohnern, die mit dem Leeren der Fäkaliengruben beschäftigt waren", schreibt sie und nennt entsprechende Beispiele in Köln oder München, aber auch die Goldgasse in Wiesbaden.
Selbst wenn die negative Deutung zutreffen sollte, sind Goldenluft- und Goldenbrunnengasse heute ein hübsches Altstadtviertel, in dem es einige interessante Altbauten gibt. Eines der erhaltenen Gebäude ist die Fürstenbergerhofschule, heutige Martinus-Schule, aus dem Jahr 1885, die einst aber nur aus dem Gebäude an der Goldenluftgasse und dem im rechten Winkel abgehenden Flügel besteht. Die Volksschule für zwölf Klassen bietet eine für damalige Verhältnisse interessante Neuerung: Wie die Holztorschule erhält auch sie ein Bad. Damit soll die Schuljugend an Hygiene gewöhnt und deren Gesundheit gefördert werden, wie es heißt.

Gerade in der südlichen Altstadt ist es mit der häuslichen Hygiene schwierig, verfügen doch nur die besseren Häuser über Wohnungen mit eigenem Bad – und das sind die wenigsten. Das Schulbad ist auch rege in Gebrauch, die Kinder nehmen im Schuljahr 1899/1900 in beiden Lehranstalten 21.000 Brausebäder. Die Mädchen und Jungen jener Schulen, die keine eigenen Bäder haben, dürfen sommers zwei Mal in der Woche ins „Ohaus'sche Volksbad", eine der schwimmenden Badeanstalten im Rhein.

Ein Teil des Viertels am Ende der Goldenluftgasse vor der Einmündung in die Goldenbrunnengasse wird schwer getroffen, ansonsten überleben etliche Gebäude den Krieg, werden teilweise auch schön restauriert und gut erhalten – wie die erwähnte Schule.

Neben der Fürstenbergerhofschule steht ein Wohnhaus, das einst universitäres Leben in das Sträßchen bringt. Dort wohnt viele Jahre lang Professor Peter Schneider (1920-2002),

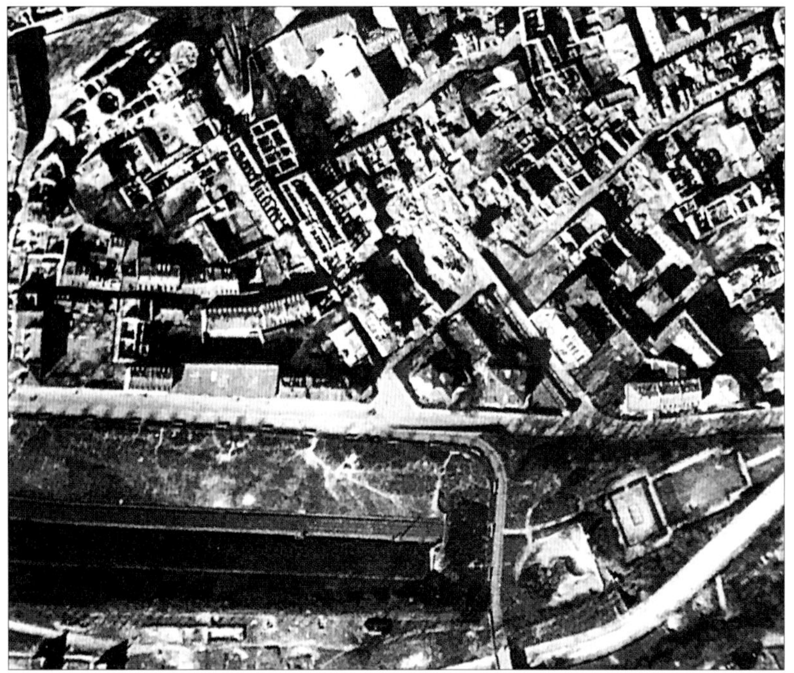

Die Goldenluft-Gegend 1945 (o.) und in den 60ern. Unten bzw. schräg unten jeweils der Bahneinschnitt dahinter der Eisgrubweg, von dem an dem kleinen dreieckigen Platz die Stefansstraße abgeht, parallel darunter die Goldenluftgasse.

Schweizer Rechtswissenschaftler und von 1969 bis 1980 erst Rektor, dann erster Präsident der Mainzer Johannes Gutenberg-Universität. Er führt ein gastliches, offenes Haus: Seminare für Studenten und Studentinnen finden dort statt, der Uni-Verwaltungsrat tagt hier, aber auch prominente Gäste finden sich in der Goldenluftgasse ein. Ob es der Kabarettist Hanns Dieter Hüsch ist, die Demoskopie-Pionierin Elisabeth Noelle-Neumann, Ministerpräsident Bernhard Vogel oder – Karol Wojtyła.

Der Kardinal von Krakau hat enge Verbindungen nach Mainz, seit 1971 die Katholisch-Theologische Fakultät mit der Päpstlichen Fakultät Kraków eng zusammenarbeitet. 1974 ist Wojtyła privat in Mainz, 1977 erhält er die Ehrendoktorwürde, und noch am 24. September 1978 ist er erneut hier. Vier Tage später stirbt überraschend Johannes Paul I., und bereits am 16. Oktober wird der Krakauer Kardinal zum Papst gewählt.

Beim Besuch 1977 ist Karol Wojtyła zu Gast bei Professor Schneider in der Goldenluftgasse. Dass es ein Haus in evangelischem Besitz ist, wird dem Kardinal, wenn er es erfahren haben sollte, nicht wichtig gewesen sein, liegt ihm doch die Ökumene am Herzen. Zum Gottesdienst seiner Amtseinführung lädt er auch Professor Schneider ein. Als dieser im vollen Ornat des Mainzer Universitätspräsidenten den Petersplatz überquert, halten ihn Gläubige für einen geistlichen Würdenträger, gehen vor ihm auf die Knie und versuchen seine Hände zu küssen.

Die Goldenluftgasse stößt auf die Goldenbrunnengasse, die von der Treppenanlage zur Stefansstraße hinunter zur damals noch viel

Im Parkhauswahn

Bürgeranhörung durch taube Sanierungsbeamte

Das Anhörungsverfahren "Garagenhaus Weißliliengasse" geriet der Stadtverwaltung zu einer großen Blamage. Die Verantwortlichen hatten die Sanierungsbeamten vorgeschickt. Deren Dienstbeflissenheit zeigte sich der Situation in keiner Weise gewachsen. Auf klare Bürgerfragen reagierte Baudirektor Schulte, wie Beamte es eben gelernt haben: Juristische Spitzfindigkeiten ausklamüsern, den wahren Sachverhalt verschleiern und bloß keine neuen Gedanken fassen! Es könnte ja eine schlechte Beurteilung von den Vorgesetzten einbringen, wenn man den "schönen Plan" den störrischen Bürgern nicht schmackhaft machen kann.

Eigentlich ein Trauerspiel. Kein politisch Verantwortlicher wagte sich drei Wochen vor der Kommunalwahl in eine Bürgerversammlung, die sich für Wahlreden schlecht eignete. Die Prügel für schlampige, mit teuren Steuergeldern finanzierte Fehlplanungen ließ man die Beamten einstecken. In den Augen der Bürgermeister scheint die Bürgeranhörung nur eine lästige Rechtspflicht zu sein, der man Genüge tun muß, um den fertigen, ach so durchdachten Plan der Verwaltung durchzusetzen. Verwaltungsbeamte - und das sind ja die Bürgermeister auch - verstehen Bürgerwünsche wohl erst, wenn sie schon außer Diensten sind. Ein lebendiges Beispiel dafür ist Bürgermeister a.D. Ledroit. Seine Kritik traf am härtesten.

Zu früh hatte Altstadtdezernent Karl Delorme in seiner Altstadtzeitung 1/79 gejubelt: "Nach sorgfältiger Prüfung kann das Parkhaus Pfaffengasse gebaut werden", schrieb er damals. Zu viele Fehler waren im Plan, so daß die Verwaltung kalte Füße bekam, als der "Verein für eine bewohnbare Altstadt - Goldene Luft e. V." einen Prozeß ankündigte.

Es lohnt nicht, alle Argumente gegen die Verwaltungspläne noch einmal zu wiederholen. Wir haben sie mehrfach dargestellt und bei der Bürgeranhörung sind sie zum soundsoviel ten Mal wiederholt und keineswegs widerlegt worden. Der Verwaltung dieser Stadt ist es dennoch egal, ob der zauberhafte Gartenhof des Bildhauers Barth hinter dem Haus Goldenbrunnengasse 10 zubetoniert wird oder Wohngebiete der Altstadt zerstört werden. Den Anwohnern werfen sie "St. Florianspolitik" vor. Dabei sind sie es doch, die aus dem Grüngürtel mit dem Auto in die Stadt kommen. Sie sind es, die durch Ansiedlung von Dienstleistungsbetrieben (Nordstern) in der Altstadt den Parkbedarf erst geschaffen haben. Warum wohl nicht im Grüngürtel?

Der Bildhauer Valentin Barth (1837 - 1920), bedeutendster Mainzer Vertreter seines Faches im Historismus, schuf sich diesen idyllischen Werkstatthof, der seinesgleichen in Deutschland nicht hat. Das Ateliergebäude stammt von Barths Freund, dem Architekten Conrad Kraus, der u. a. das Neue Palais in Darmstadt und zahlreiche, meist zerstörte Wohnhäuser in Mainz baute, und sich später aufs Schreiben von Romanen aus dem alten Mainz ("Clarissa", "Das Eckhaus an der Albansgasse" u. a.) verlegte. Wegen eines schmalen Geländestreifens für das Parkhaus soll dieses schöne und geschichtsträchtige Ensemble zerstört werden!

Das frühere Atelier der Gebrüder Barth sollte in den 70ern einem Parkhaus weichen. In der Zeitung „Die Altstadt“ erhebt sich Protest.

längeren Pfaffengasse führt, heute zur Weißliliengasse.
Etwas ganz Besonderes blüht in dieser Gasse im Verborgenen, im Hinterhof des Barockhauses Nr. 10. Dort befindet sich das ehemalige Atelier der Mainzer Bildhauer Heinrich und Valentin Barth sowie ein hübscher Pavillon mit Figuren der beiden. Sehr bekannt ist der Triton, der in den 1860er-Jahren erst eine große Blumenschau in der Fruchthalle in der Dominikanerstraße schmückt und dessen Zementkopie dann den gleichnamigen Brunnen hinterm Theater.
In den 1970ern soll das ganze Ensemble aus Vorderhaus, Werkstatt und Pavillon in der Goldenbrunnengasse einem Parkhausklotz weichen, wird aber durch Bürgerproteste gerettet und von Dr. Hans-Jürgen Kotzur und seiner Frau wieder wunderbar restauriert. So viel Glück haben andere Bauten im Viertel nicht, als in den 1970ern zugunsten der Altstadttangente zum Kahlschlag angesetzt wird.
Auch die Pfaffengasse wird dadurch verstümmelt, doch es ist nicht immer der Autowahn, dem Altes zum Opfer fällt. So wird das schöne Engelhaus des Maria Ward-Gymnasiums an Pfaffengasse / Ecke Stefansberg Ende der 1960er-Jahre abgerissen, um einem Neubau Platz zu machen. Sicher sinnvoll für die Schule, doch so geht wieder ein Stück altes Mainz verloren. Die Befürchtung ist: Man würde es wieder tun.

1977 besucht der damalige Krakauer Kardinal Karol Wojtyla den Mainzer Unipräsidenten Professor Peter Schneider in dessen Wohnung in der Goldenluftgasse.

Blick über den Innenhof der Maria-Ward-Schule in den 20er Jahren.

48 Bei den englischen Fräulein

Der Ballplatz wird Ende der 1970er ein schöner Platz / Erinnerungen ans Ballplatz-Café und Charlotte Hahn

Die Weißliliengasse gehört fürwahr nicht zu den großen Gewinnern der Stadt- und Verkehrsplanung. Doch im Rücken der Altstadttangente aus den 1970ern haben die Planer mit viel Geschick und einem Sinn fürs Stadtbild ein sehr hübsches Idyll entstehen lassen – den Ballplatz in seiner heutigen Gestalt.

Der Name wird 1753 erstmals genannt nach einem einst dort gelegenen Ballhaus und erhält auch sehr früh seine Form als flaches, zur Eppichmauergasse spitz zulaufendes Dreieck. Allerdings verläuft über Jahrhunderte auf der westlichen Platzseite, vorbei an der heutigen Maria Ward-Schule, eine Durchfahrtsstraße. Sie führt vom Schillerplatz über das damals noch Ballstraße genannte Verbindungsstück zum Ballplatz und durch die Pfaffengasse in die südliche Altstadt.

Ein Jahr bevor der Platz seinen Namen erhält, beginnen die Maria Ward-Schwestern in Mainz mit der Bildungsarbeit für Mädchen und gründen eine „Mägdleinschul". Da ihr Orden auf die Engländerin Mary Ward zurückgeht (1585-1645), spricht man in Mainz gern vom Institut der Englischen Fräulein, das aber erst Mitte des 19. Jahrhunderts an den heutigen Standort zieht.

Genauer gesagt ziehen sie erst in den Älteren Dalberger Hof, Ballplatz 1, an der Ecke zum

Links das alte Engelhaus, rechts der Ältere Dalberger Hof, in den Mitte des 19. Jahrhunderts die Maria-Ward-Schule zieht. Zu dieser Zeit fließt der Verkehr vom Schillerplatz Richtung südliche Altstadt noch über den Ballplatz nach links durch die Pfaffengasse.

Stefansberg. Die Größe von heute, die auch den Fechenbacher Hof, Ballplatz 3, umfasst, erreicht die Schule erst Ende der 1960er Jahre. Noch in den 1930ern müssen sich Schwestern und Schülerinnen den großen Komplex des alten Adelshofes teilen. Der größte Teil der Gebäude zum Ballplatz hin beherbergt damals Wohnungen und in der anschließenden Nr. 3 hat Weingroßhändler Schmitz seinen Sitz. Auf dem heutigen Schulhof lagern einst die Fässer.

In den 1930er-Jahren gerät die Schule ins Visier der Nazis, genauso wie die gerade in Mainz von Anfang an mutig den Nationalsozialisten entgegentretende katholische Kirche. Von Beginn an verunglimpfen die Nazis den Bischof, lassen sein Palais beschmieren, Gottesdienste stören oder Jugendverbände verbieten und da bleibt auch die kirchliche Schule nicht außen vor. Die Machthaber nehmen Einfluss, üben Druck aus und zwingen die Schwestern dazu, Flaggenappelle und andere NS-Rituale einzuführen. 1938 wird die Schule schließlich verboten.

Der Dalberger Hof überlebt den Krieg glimpflich, während das Nachbarhaus komplett ausbrennt. Es wird erst 1951 vereinfacht aufgebaut, mit schlichtem Walmdach statt dem Mansarddach alter Tage. Ein schöner Platz ist der Ballplatz in jenen Jahren nicht, er wird ganz offiziell als Parkplatz genutzt.

Bevor sich alles zum Besseren wendet, gibt es aber im Zuge des Baus der Altstadttangente einen Kahlschlag. So wird an der Ostseite der Hof der Kurfürsten von Köln und die dahinter zur Weißliliengasse hin liegenden Gebäude bis auf die Kellergewölbe abgerissen. Während zur Straße hin neue Gebäude im Stil der 1970er entstehen, wird am Ballplatz der Adelshof „kopierend wiederaufgebaut", wie es in der Mainzer Denkmaltopographie durchaus wohlwollend heißt. Integriert ist ein zwei Achsen breites Fassadenteil mit der Hofeinfahrt des historischen Gebäudes.

Die schöne Platzwirkung wird aber erst erreicht, als man die offene Nordseite mit einem Querflügel verschließt, der dem Kölnischen Hof angepasst wird. Einmal mehr ein schönes Beispiel für den schon früher erwähnten Mainzer Gestaltungsspagat zwischen echter und erahnter Historie, fröhlich interpretiertem Denkmalschutz und sanfter Wohlfühloptik.
Aber genau das ist der tiefere Sinn des Stadtratsbeschlusses vom 20. Januar 1976, der besagt, „dass der Ballplatz mit einer modernen, aber doch der Umgebung angepassten Be-

bauung zu versehen und der Platz selbst zu einem Fußgängerbereich zu gestalten sei", wie der damalige OB Jockel Fuchs in seinen Erinnerungen schreibt und weiter: „Ein Brunnen gehörte später auch dazu: die herrlichen Määnzer Mädcher."

Weniger wegen dieser Mädchen denn wegen jener des Maria Ward-Gymnasiums ist der „Balzplatz" schon immer bei jüngeren wie älte-

Oben links der Fechenbacher Hof, vor dem die Fässer des Weinhändlers Schmitz lagern. Darunter Nonnen und Schülerinnen im barocken Schulgarten in den 20ern; zehn Jahre jünger ist der Schuleintrag im Adressbuch oben rechts. Die Parkuhren auf dem unteren Bild zeigen, dass der Ballplatz noch lange Parkplatz ist.

15. Ballplatz.

III. J. 8.

Herkunft des Namens zweifelhaft; es soll dort ehemals ein Ballhaus gestanden haben.

1. Institut St. Mariae d. Engl. Fräulein: Vorschule, Studienanstalt m. Reifeprüfung und Frauenschule; zweijähr. Haushaltungsschule, elementare Handelsschule, höhere Handelsschule, Berufsschule, Frauenhandarbeitsschule, Kindergarten. F. 42578.
B.K.: Deutsche Bank.
P.K.: 68551 Ffm.

ren Jungs sehr beliebt. Und nicht nur Schüler und Schülerinnen der Marienschule, seit 1964 Willigis-Gymnasium, tummeln sich dort. Wenn man nicht zum Bäcker an der Willigisstraße geht, kommt man hierher, man trifft sich unter dem Baum. Die große, alte Linde ist fast schon eine Institution, sodass man ihr alle erdenklichen Rettungsmaßnahmen angedeihen lässt, aber irgendwann muss sie doch ersetzt werden. Dem Nachfolger ist kein Glück beschieden, er wird im April 2019 vom Sturm gefällt.

Wegen des Baus der Weißliliengasse werden die Ballplatzhäuser zunächst abgerissen (o.), später historisierend wieder aufgebaut.

Weiterer Treffpunkt ist ab Ende der 1970er das im neuen Querbau eröffnete Café Ballplatz, das aber nicht sehr lange aushält. Und nun kommt Charlotte Hahn (1939-2011) ins Spiel, die ungekrönte Königin der Altstadt.
Seit 1966 betreibt sie Lokale wie das „Queens Pub" in der Gymnasiumstraße 2, das „Quartier Mayence" am Weihergarten, das „Goldstein" an der Schönbornstraße, „Augustinerkeller" und „Schönenbrunnen" in der Augustinerstraße, und nun kommt noch das Ballplatz-Café hinzu. Sie macht das Lokal über viele Jahre zum stets überfüllten Hotspot. Und Charlotte ist die Seele des Ladens, besonders spätabends parkt ihr dunkelrotes Mercedes 280 SE 3.5 Cabrio mit schwarzem Dach und cremefarbenen Polstern (das heute den Wert eines Reihenhauses hätte) am, manchmal verbotenerweise auch auf dem Ballplatz.

Neben dem Durchgang gibt es viele Jahre das Edel-Restaurant „Drei Lilien", bevor 2002 die Gebrüder Ivecen dort die „Buchbar Lomo" einrichten, ihr Erstlingswerk. Seither eröffnet das Gastronomen-Trio noch das „LeBonBon" in der Spritzengasse, das „Hintz & Kuntz" am Liebfrauenplatz und das „Lehmanns" in der Holzstraße – aber leider ist das „Lomo" seit Sommer 2019 Geschichte. Dabei ist der Ballplatz viel zu schön für einen Leerstand.

Nachdem der alte Baum (Bild Mitte) nicht mehr zu retten ist, pflanzt man einen Nachfolger, der aber im April 2019 von einem Sturm gefällt wird.

Die Marienschule entsteht nach dem Brand der Ölmühle 1901 hier neu.

49 Alte Schulzeiten

Am Stefansberg: Von Bischof Ketteler, der Marienschule, einer alten Treppe und uraltem Mauerwerk

Vergangenheit kann man fühlen. Man hat das alte bucklige Straßenpflaster unter den Füßen, während die Hände über bröckelndes, uraltes Mauerwerk streichen. Es gibt noch ein paar von diesen ganz alten Mauern – hoch aufragende Überreste der alten Bastionen, Futtermauern an den Hängen oder Überbleibsel der mittelalterlichen Stadt. In der Ottiliengasse hinterm Dalberger Hof gibt es so eine Wand, auch im Nasengässchen oder am Stefansberg, genauer gesagt im unteren Teil des Sträßchens, das schon ein paar Jahrzehnte Maria-Ward-Straße heißt. Es ist die hohe Ummauerung der Gartenanlage der Maria Ward-Schule.
Das alte Mauerwerk „schließt ältere, vermauerte Gewände mit ein, darunter ein schlichter gotischer Portalbogen", schreibt die Denkmaltopografie. Die Gartenanlage, wie sie sich heute präsentiert und die zu den wenigen erhaltenen ihrer Art in Mainz gehört, stammt wohl aus dem 18. Jahrhundert. Wie alt aber die Mauer selbst ist? Die Gegend wird im 30-jährigen Krieg vollkommen zerstört – vielleicht sind diese Mauern die Überreste aus noch älterer Zeit.

Der Blick nach oben wird beherrscht vom Blick auf Ostchor und Turm der Stephanskirche, die mächtig auf dem Berg thront und dessen Futtermauer am Willigisplatz den Sockel des stattlichen Bauwerks bildet. Ein erhabener Anblick, der unzählige von Schülern seit mehr als 150 Jahren allmorgendlich begleitet, wenn es

Der Stefansberg, der im unteren Teil in Maria-Ward-Straße umbenannt wurde, mit alten Mauern, die wahrscheinlich von Bauten aus der Zeit vor dem 30-jährigem Krieg stammt. Rechts der Stefansberg mit dem alten Engelhaus.

den kleinen Berg hinaufgeht zur Marienschule, dem heutigen Willigis-Gymnasium. Doch trotz des schönen Blicks: Manchmal sind die Füße schwer unter der Last der Ranzen und Rucksäcke und manchmal drücken auch Gedanken und Ängste schwer auf die Schultern. Schülerleid.

1852 wird die Marienschule als eine Art Grund- und Hauptschule gegründet mit 43 Kindern. Bischof Ketteler will mit ihr dem schwindenden Einfluss der Kirche in den Schulen entgegenwirken. Er fühlt sich tief der sozialen Frage verpflichtet, ist Gründer der katholischen Arbeitnehmerbewegung wie auch der Zent-

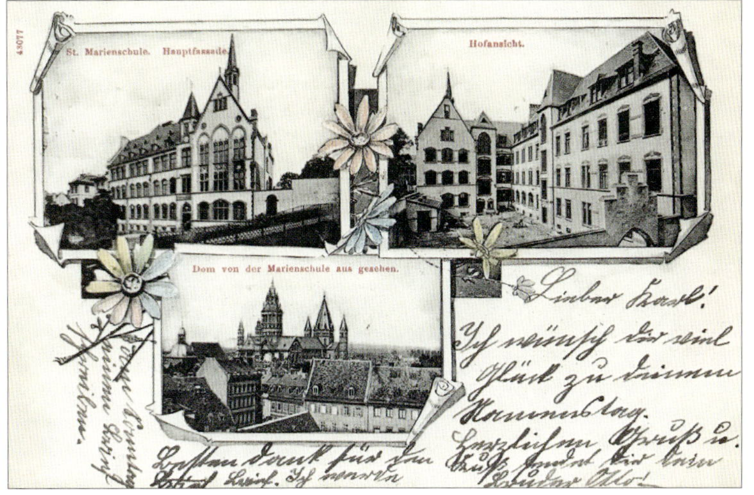

St Marien- Schule

EHREN- KARTE

für Wilhelm Görlich

Schüler der II. Klasse im Monat Mai

Für Betragen, Fleiss und Fortschritte erhielt er die Durchschnittsnote: Gut.

Der Klassenführer: Der Rektor:

ist auf der Ehrentafel verschrieben worden.

Unterschrift des Vaters oder dessen Stellvertreters:

Ansichtskarte der Marienschule, verschickt von einem Internatszögling. Rechts Ehrenkarte für gute Leistungen.

Drei Postkarten zeigen das Schulleben zu Beginn der 30er Jahre: Klassensaal, Internatszimmer und oben rechts Turnunterricht am Stufenbarren. Während ein Schüler übt, stehen die anderen stramm.

rumspartei. Mit der Schule sollen gerade die Mittelschicht und einfachere Stände angesprochen werden. Seine Ehrfurcht vor der Würde jedes einfachen Kindes drückt er in seinem ersten Hirtenbrief aus: „Kein Kleid darf so beschmutzt, keine Hütte so niedrig, kein Körper so entstellt sein, daß wir unter dieser Hülle nicht mehr das Ebenbild Gottes erkennen."

Die Schule ist in der heutigen Willigisstraße 4 daheim, erlebt durch Bismarcks Kulturkampf und finanzielle Sorgen ein Auf und Ab. Mit der Neustrukturierung und dem Neubau 1901 auf dem Platz der zwei Jahre zuvor abgebrannten Ölmühle am Willigisplatz verbessert sich zwar die Lage – die Schülerzahlen steigen und es gibt 80 Internatsplätze. Und doch sind die ruhigen Phasen kurz: Schon ab 1914 wird die Schule Lazarett, die Besetzung von Mainz und die Inflation folgen und als sich die Verhältnisse wieder normalisiert haben, man Gymnasium wird, da kommen die Nazis an die Macht, drangsalieren und schließen am 8. Mai 1938 die Marienschule.

Erst 1955 öffnet die im Krieg beschädigte, aber nicht zerstörte Marienschule wieder, deren Gebäude zuvor vom Rabanus-Maurus-Gymnasium als Ausweichschule benutzt wird. 76 Pennäler sind es beim Neustart, zehn Jahre später 600 und 1977 erstmals über 1000. Marienschule heißt sie da schon lange nicht mehr, denn seit 1964 trägt sie den Namen Willigis-Gymnasium.

1989 wird der großzügige Umbau mit Erweiterung abgeschlossen, bei dem auch die alte Mauer linker Hand der Treppe vom Willigisplatz hoch zur Stefansstraße überbaut wird.
Hat Bischof Ketteler schon mit der Marienschule tiefe Spuren hinterlassen, geht auch eine zweite Einrichtung am Stefansberg auf sein Wirken und seine fortschrittliche Einstellung zu sozialen Fragen zurück. So kaufen die Armen Schwestern vom heiligen Franziskus das Gebäude Stefansberg 11 und wandeln das Wohnhaus aus den 1830er-Jahren in ein Asyl für stellungslose Dienstboten um.

Die Marienschule in den 30er Jahren. Unten Gebäude an der Stefanstraße.

An der Stützmauer am Willigisplatz sind zwei Gemälde von Valentin Volk von 1895 zu sehen, hier die Steinigung des heiligen Stephan.

Die historische Treppe zur Stefanstraße, die Mauer linker Hand ist durch den Erweiterungsbau des Willigis-Gymnasius überbaut.

In Zeiten ohne Gewerkschaften, ohne Kündigungsfristen, ohne ernst zu nehmendes Arbeitsrecht ist das 19. wie das frühe 20. Jahrhundert für Dienstmädchen, Dienstboten und Ladnerinnen (Verkäuferinnen) eine bittere Zeit, die bei Arbeitslosigkeit sofortigen Absturz ins Elend bedeutet. Hier am Stefansberg helfen die Schwestern des heiligen Franziskus, bieten Quartier und Hilfe und folgen damit dem Weg des Mainzer Bischofs.

Neben der Kirche hilft aber auch das Mainzer Bürgertum mit solchen Einrichtungen. So betreibt auch der „Verein für Volkswohlfahrt" Ende des 19. Jahrhunderts neben Volksküche, Knabenhandarbeitsschule, Mädchenhort, Wärme- und Unterstandhalle auch ein Mädchenheim in der Lotharstraße für stellenlose Dienstmädchen und alleinstehende Ladnerinnen. „Sie finden hier in ihren dienstfreien Stunden eine trauliche Heimstätte und billige Verköstigung, Frühstück 15 Pf, Mittagstisch im Abonnement 30 Pf." heißt es im Jahresbericht 1896/97, der erwähnt, dass „die Zahl der Dienstmädchen, für welche unser Heim innerhalb des Jahres schützendes Unterkommen und zweckmäßige Verpflegung darbot, sich auf 1047 belief, die insgesamt 8493 Tage im Hause verbrachten."

Die Franziskanerinnen errichteten noch eine Kapelle, während sich ein Haus weiter den Berg hinauf das Atelierhaus des Bildhauers Anton Decker befindet, das heute zur Maria Ward-Schule gehört. Linker Hand befindet sich die schöne alte Stützmauer, auf der zwei großformatige Gemälde überraschen. Valentin Volk hat sie 1895 erschaffen, sie zeigen eine Kreuzigungsszene und die Steinigung des heiligen Stephan. Wind und Wetter setzen beiden Bildern trotz Überdachung so sehr zu, dass sie nach der Jahrtausendwende schon fast verloren gegeben werden, bis dank einer Spende von Mäzen Stephan Schmitz versucht werden kann, die Gemälde zu restaurieren. Dabei stellt sich heraus, dass das Bild der Steinigung durch eine Kopie ersetzt werden muss, während die Kreuzigungsszene restauriert und wieder am alten Platz angebracht werden kann.

Links ist die Treppe zum Stefansberg, die schon auf dem Schwedenplan, einem sehr präzisen Stadtplan von 1625/26, zu sehen ist. Der geschmiedete Handlauf fällt auf, während die flankierenden Mauern denkmalgeschützt sind. Letzteres hielt vor fünf Jahren Fans von Mainz 05 nicht auf, einen Schriftzug aufs historische Gemäuer zu sprühen und die Setzstufen, also die senkrechten Vorderseiten der Treppe, bis hoch zur Stefansstraße rot, weiß und gold zu besprühen. Wie war das noch? Narrenhände besprühen Trepp und Wände ...

Nächtliche Illumination von Kastel aus gesehen, wahrscheinlich anlässlich der Dom-Sanierung 1928. Vor dem strahlend erleuchteten Dom die Stadthalle.

50 Nachtspaziergang

Das 50. Kapitel beschäftigt sich mit Gaslaternen, Leuchtreklame und „infernalischen Lichtattentaten“

„Wahrlich, keiner ist weise, der nicht das Dunkel kennt", heißt es in einem Gedicht von Hermann Hesse. Und abgewandelt trifft das auch auf jede Stadt zu. Wer kennt sie wirklich, wenn er sie nicht auch einmal zwischen mitternächtlicher Stunde und Morgengrauen erwandert hat? In jenen Stunden, wenn die Straßen wie ausgestorben liegen, wenn im Dunkel die Sinne geschärft sind und in engen Gassen jeder Schritt auf dem Pflaster hallt. Diese echte Dunkelheit gibt es in Städten wie Mainz nur noch in wenigen Ecken, doch auch die Lichter der Großstadt haben ihren Reiz. Grund genug, zum 50. Kapitel der ***Stadtspaziergänge***, einen Nachtspaziergang einzulegen.

Im Mittelalter ist die Dunkelheit in den Städten so ärgerlich wie gefährlich, denn es liegt allerhand Unrat auf der Straße. Nicht nur der Inhalt der Nachttöpfe. Die wenigen an einzelnen Häusern angebrachten Öl-, Talg- oder durch Pech gespeisten Laternen reichen nicht aus. Ab 1772 hängen in Mainz dann rund 200 Laternen an Seilen über den größeren Straßen, doch die Fahrbahnen bleiben Stolperfallen. Eine durchgehende Straßenpflasterung mit seitlicher Rinne, später mit Fußsteigen, verbreitet sich in Mainz erst ab 1830 und das zunächst auch nur zaghaft.

Die erste Gaslaterne gibt es 1807 in London,

Dom-Beleuchtung 1928. Der Marktbrunnen ist wegen des Verkehrs mitten auf den Markt versetzt worden.

1826 folgt Berlin, doch in Mainz dauert es länger. 1844 beschließt der Stadtrat Gasbeleuchtung – allerdings nur für Privatpersonen. Erst als 1855 in der Weisenauer Straße das Gaswerk eröffnet, können die mit Petroleum betriebenen Straßenlampen umgestellt werden. Zu den bekanntesten Gaslaternen-Herstellern gehört damals das Mainzer Gasapparate- und Gusswerk an der Dagobertstraße.

„Bevor es dunkelte, kam immer der Laternenmann in unsere Straße", heißt es in den Erinnerungen eines alten Mainzers, der in den 1920er-Jahren im Sonnengässchen aufgewachsen ist und der die Arbeit des Mannes gern beobachtet hat: „Er öffnete mit einer langen Stange, an deren oberem Ende ein Flämmchen brannte, ein Klappfensterchen an den Gaslaternen der Straßen, danach den Gashahn und brachte mit der kleinen Flamme die Lampe zum Brennen."

Bis vor wenigen Jahren stand noch eine der Gaslaternen jener Anfangsjahre in der Dominikanerstraße, wie überhaupt die Zahl dieser historischen Beleuchtungskörper stark abgenommen hat. Noch 1987 liegt ihre Zahl in Mainz bei 3538, doch 1996 – 152 Jahre nach seinem Beschluss, Gasbeleuchtung einzuführen – votiert der Stadtrat für den Rückbau. Heute befinden sich unter den 22 063 Lichtpunkten, wie die Stadtwerke die Straßenlampen nennen, noch genau 53 dieser historischen Laternen. Die meisten davon stehen rund um St. Stephan, und sie bleiben auch langfristig erhalten.
Andere Leuchten sind weitaus kurzlebiger. Die Peitschenlaternen der 1950er etwa, die riesigen Pilz-Leuchten, wie sie den Gutenbergplatz

Nächtliche Szene am Hotel Königshof in der Schottstraße in den 50er Jahren. Im Vordergrund ein Opel Kapitän.

Blick vom Stadttheater vorbei am Kaufhaus Lahnstein (l.) und dem Geschäft von Hannah Heppenheimer (r.) zum illuminierten Dom.

oder den Bahnhofplatz erhellten, sind Vergangenheit. Und auch die Kugelleuchten am Schillerplatz sind längst von modernen, energiesparenden Lichtstelen abgelöst worden.

Und noch etwas nimmt in den letzten Jahrzehnten rapide ab – die Leuchtreklame. In Metropolen wie Berlin ist sie schon zu Kaisers Zeiten modern, wirbt dort eine der prominentesten animierten Großwerbetafeln für ein Mainzer Produkt – Kupferberg Gold. Die Tafel an der Vergnügungsmeile Friedrichstraße ist 60 Quadratmeter groß und hat 1600 Glühbirnen. Ein Teil wird so an- und ausgeschaltet, dass der Eindruck entsteht, Sekt würde aus einer Flasche in ein Sektglas perlen.

In Mainz geht es langsamer zu, hier hat die Leuchtreklame in den 1950ern ihre beste Zeit. Damasl prangen an vielen Gebäuden große Leuchtschriften. Sie zeigen Fortschritt und Erfolg. Die geschwungene Schrift des „Modehauses Kleebach" in der Großen Bleiche sitzt über der langen Schaufensterfront, beim „Europa-Hotel" thront der Name auf dem Dach und an der Gärtnergasse / Ecke Große Bleiche geht die Aktien-Bier-Werbung über die gesamte Höhe.

Und wer die Binger Straße herunterkommt, sieht von Weitem schon das Eckhaus Große Bleiche/Münsterplatz, auf dem insgesamt 17 verschiedene Leucht-Schriftzüge in Rot, Blau und Gelb prangen – am prominentesten der von „Dujardin imperial" in voller Hausbreite auf dem Dach. Ziemlich schrill, aber im Erdgeschoss und ersten Stock des Hauses, im „Kinderladen", beeinflussen schön erleuchtete Schaufenster die damalige Licht-Wirkung des Gebäudes positiv.

Teils kommen die nächtlich leuchtenden Schriftzüge aus der Mode, teils werden sie abgeschaltet, wenn einzelne Buchstaben ausfallen, aber auch von städtischer Seite wird die Leuchtreklame sehr restriktiv behandelt. Dafür wird Mainz nun mit gewaltigen City-Light-Postern und riesigen Werbesäulen zugestellt. Das Wort „Lichtmüll" macht die Runde, und spät versteht man ein Aperçu aus Kaisers Zeiten, da angesichts der vielen Leuchtreklamen von „infernalischen Lichtattentaten" die Rede ist.

Licht und Schatten liegen hier im wahrsten Sinne des Wortes dicht beieinander. Wie gern würde man noch einmal den prächtig illuminierten „Hof von Holland" anlässlich des damaligen 100. Geburtstag des MCV erleben oder die herrliche Dom-Beleuchtung anlässlich seiner baulichen Rettung 1928.

Doch auch wenn heute die absolute Dunkelheit fehlt, allenfalls wenn in wolkenloser November-Neumondnacht das fortwährende Leuchten der Stadt gemildert wird, lohnt das

Das „Café Bachmann" (o.) in den 1950ern, als die Betzelsgasse noch eine Straße und keine Fußgängerzone ist. Links unten das „Europa-Hotel" an der Kaiserstraße, die noch von der Straßenbahn befahren wird. Auf der nördlichen Doppelfahrbahn in beide (!) Richtungen. Rechts unten die Gaststätte „Telehaus" Ecke Münsterplatz / Schillerstraße.

Erlebnis Dunkelheit noch. Dann, wenn das einzeln erleuchtete Fenster ebenso anregt wie von Ferne herüberklingende Geräusche. Und am Schönsten ist es bei dichtem Neuschnee. Dann ist es zwar heller, aber nie ist die Stadt so leise wie in den nächtlichen Stunden unterm weißen Tuch.

Nachtbilder aus verschiedenen Jahrzehnten: Unten der festlich beleuchtete und gestaltete „Hof von Holland" während der Fastnachtskampagne 1938, als er Standquartier von MCV und Prinzenpaar ist. Oben das Schaufenster im 1950 errichteten „Kinderladen", daneben rechts der Eingang zum Hof es Gutenberg-Museums ein Jahrzehnt später. Schön zu sehen die damals noch quer stehenden Bronzetafeln des Mainzer Bildhauers Karl-Heinz Krause (1924-2019).

Vom zugefrorenen Rhein 1929 gibt es zahlreiche Ansichtskarten, auch Nachtaufnehmen.

Schuhhaus Schlüter in der Schöfferstraße. Das Traditionsgeschäft hat Ende 2019 geschlossen.

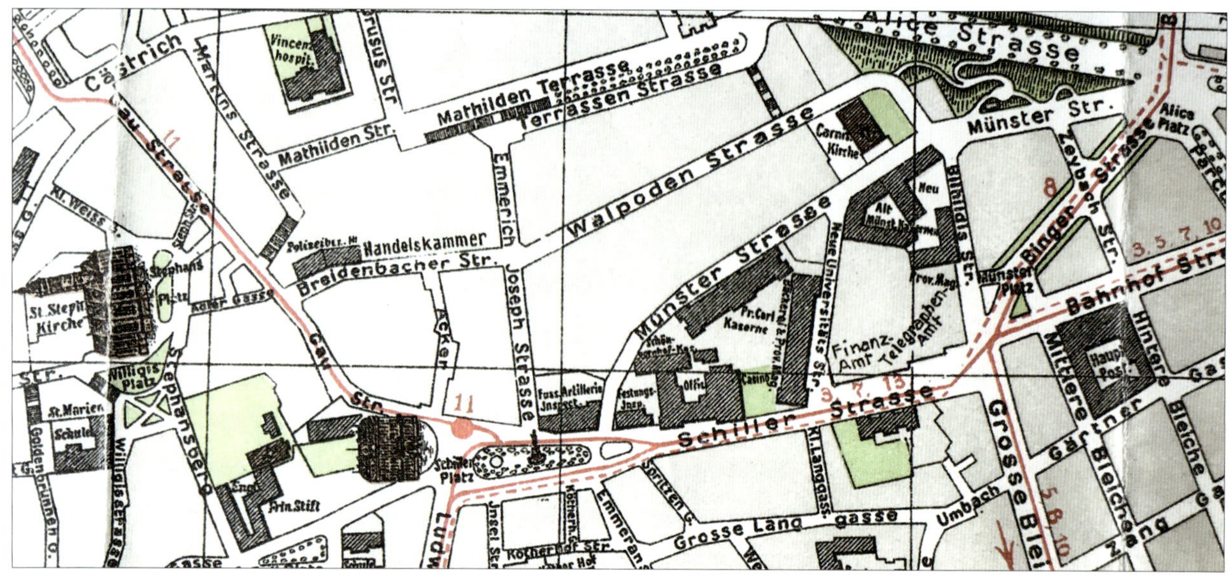

Stadtplan um 1925. Man beachte die vielen Militärgebäude in der Münsterstraße.

51 Am höchsten Punkt des alten Mainz

St. Stephan: Von Willigis, Drillingen und einer Heldentat in der frühen Nachkriegszeit

Das Mainzer Panorama ist schon immer geprägt von Türmen. Seit Jahrhunderten schon fällt der Blick von der rechtsrheinischen Seite über den breiten Strom auf hoch aufragende Wach- und vielgestaltige Kirchtürme. Und doch ragt ein Turm schon immer aus der glänzenden Krone der Stadt heraus – St. Stephan. Schlank von Gestalt überragt das Oktogon schon bei der allerersten Mainz-Ansicht vor 500 Jahren die Silhouette.
Im Jahre 990 gründet Erzbischof Willigis die Pfarrkirche St. Stephan, wobei der heutige Bau von 1340 stammt und auch der Turm zunächst noch sehr viel niedriger ist. 1495 wird er aufgestockt und erst 1750 gibt die hohe Barockhaube mit Laterne und Kreuz dem Turm die heutige Gestalt und seine Höhe von 66 Metern.

Errichtet auf dem einst höchsten Punkt der Stadt, ist St. Stephan von der Ferne eine Landmarke. Aber auch die Annäherung an das mehr als 1000 Jahre alte Gotteshaus ist ein Erlebnis. Ob vom Schillerplatz oder Willigisplatz aus, von der Zitadelle oder vom Kästrich her – es gibt viele spannende Blickwinkel, und auch von Tageszeit zu Tageszeit zeigt sich ein anderes Bild.

Blickt man morgens zwischen Osteiner und Bassenheimer Hof hindurch, thront der Turm wie im Schattenriss über der Gaustraße, während er in der intensiven Abendsonne fast glühend über den im Schatten liegenden Straßen des unteren Kästrich aufragt. Nachts zeigt sich St. Stephan als mächtiger Schatten, wenn der Spätheimkehrer aus der Altstadt im Licht alter Laternen, an uralten Mauern entlang den Stefansberg erklimmt.

Herrlich auch, wenn sich nach dem Spaziergang die Gaustraße hinauf plötzlich links die Häuserfront zur Stefansstraße öffnet. Doch exakt in dieser Blickachse steht eine der leuchtenden Litfasssäulen des Werbevermarkters Ströer. Und man fragt sich ernsthaft, wer diese „City-Light-Säule" an dieser Stelle genehmigt hat. Sie st(r)ört.

Rund um St. Stephan liegt ein ruhiges Viertel mit Ölgasse, Stefansstraße, Kleiner und Großer

Weißgasse und dem Stefansplatz mit seinen hohen Bäumen, dem einstigen ummauerten Kirchhof. Hier lässt sich herrlich verweilen und ein ganz besonderer Ort ist das Gärtchen unterhalb des Ostchors und hoch über dem Willigisplatz. Eine hohe Mauer friedet die kleine grüne Oase ein, zu der man durch ein kleines schmiedeeisernes Törchen gelangt. Ein wunderbarer, liebevoll gepflegter Ort, einst „Kanzleiberg" oder „Belvedere" genannt.

Ruhig ist es einst, weil über Jahrhunderte vor allem die Stiftsherren von St. Stephan hier leben, die alle hier ihre Wohnhöfe, die Präabendkurien, haben. Diese bestehen aus Gebäude, Garten, Nebengebäuden und sind recht großzügig, allerdings werden die meisten im 30-jährigen Krieg zerstört. Nur in der Willigisstraße 7 findet sich mit dem Haus „Zum großen Samson" noch eine solche Präbendkurie in fast unverändertem Zustand von 1720.

St. Stephan selbst erzählt unendlich viele Geschichten, wobei Krieg und Zerstörung eine große Rolle spielen. Und drohende Feuersbrünste, eine der größten Gefahren in den Städten des Mittelalters, die zur Bestellung eines Türmeramts führen, für den eigens eine Wohnung direkt unterm Turmhelm gebaut wird. Er hält die Brandwache, muss alle 15

Blick vom Willigisplatz (u.) auf den Ostchor von St. Stephan,
unten von der Stefansstraße aus.

St. Stephan nach 1962 mit schöner Autoparade.

Minuten seine Runde gehen – auch nachts, weshalb die Familie mithelfen muss. Wenn es brennt, muss er läuten und aus einem der sieben Fensterchen seiner Wohnung eine rote Fahne, nächtens eine Laterne in Richtung der Brandstelle hängen.

Die Türmer sind bekannte Leute in der Stadt und als die Frau des Türmers Metzger am 8. März 1872 hoch droben Drillinge zur Welt bringt, da strömt halb Mainz zum Turm, um Wolle oder Kindersachen vorbeizubringen. Mit einem Korb werden die Gaben hochgezogen, so wie alles, was man zum Leben braucht. Erst mit drei Jahren dürfen die Drillinge Regina, Christina und Josef das erste Mal herunter, was ihren Zusammenhalt wohl dergestalt stärkt, dass sie im Alter in der Rochusstraße wieder zusammenleben.

1813 erhält der Turm eine weitere Funktion, denn er wird Endstation der optischen Telegrafenlinie (Paris-)Metz-Mainz. Der Semaphor, ein Signalmast, hat bewegliche Arme, die in unterschiedlichsten Stellungen entweder einzelne Buchstaben oder ganze Begriffe anzeigen. Die Besatzung der nächsten Station, die mittels Fernrohr die Signale abliest, gibt sie weiter. Bis Metz über Kreuznach, St. Wendel und Saarlouis gibt es 22 Semaphoren, die eine kurze Nachricht in Minutenschnelle nach Metz übermitteln. Aber schon Neujahr 1814 unterbrechen preußische Truppen die Verbindung.

Schwere Schäden erleidet die Kirche 1857, als gerade 150 Meter entfernt der Pulverturm explodiert und Teile der Stadt einäschert, während die umherfliegenden Gesteinsbrocken auch in der Kirche einschlagen. Doch die größte Tragödie steht der Kirche noch bevor. Im August 1942 brennen das Gotteshaus und sein Turm lichterloh, zerspringt das abstürzende Geläut im Kirchenraum. Die Bomben des 27. Februar 1945 geben dem Wahrzeichen den Rest. Fast. Ein bis zu 32 Zentimeter breiter Längsriss spaltet das Mauerwerk, Gutachter empfehlen den Abriss – aber dann rettet Ingenieur Fritz Grebner (1910-2003) das Wahrzeichen seiner Vaterstadt, indem er unter Lebensgefahr die Mauern des gespaltenen Turms mittels dicker Stahlseile im eisigen Februar 1947 wieder zusammenzieht.

Doch lange noch sieht man über der Stadt den toten Stumpf, bis der Turm 1963 wieder seine barocke Haube trägt. Mit den Chagall-Fenstern wird St. Stephan Ende der 70er weltberühmt, doch schon 1849 würdigt der Baedeker in der 6. Auflage seiner Rheinreise die Kirche und die wundervolle Aussicht: „Ihr ... achteckiger Thurm ... verdient besonders, zum Ersteigen empfohlen zu werden. Man schellt rechts zur Seite der nördlichen Thurmthür, der Thürmer wirft alsdann den Schlüssel herab, den man mit hinauf bringen muß." Doch 1911 ist Schluss, dann steigt der letzte Türmer Scheppler endgültig herab.

Der letzte Türmer, B. Scheppler, tat bis 1911 seinen Dienst, links eine von ihm geschriebene Ansichtskarte vom Jahres- und Jahrhundertwechsel 1899/1900. Kein halbes Jahrhundert später, im August 1942, brennt St. Stephan komplett aus. Unten ein Bild aus den 50er Jahren. Der Turm ist wieder stabilisiert, trägt aber noch keine Haube.

Blick vom Schillerplatz die Gaustraße hinauf Ende der 1950er. Der Turm von St. Stephan ist noch ein Stumpf.

52 Von der Ölmühle zur Andau

In der unteren Gaustraße treffen sich die Jahrhunderte / Kein Platz für Industriekultur

Welch ein Spektakel muss das damals gewesen sein! Erst klingt vom Schillerplatz her das Klappern unzähliger Hufe, knallen die Peitschen, gellen Rufe des Postillons und dann geht es am Osteiner Hof vorbei in die Kurve, in die Steigung und die Gaustraße hinauf – acht Pferde vor der schweren Kutsche der Fahrpost. Ein Kraftakt und nicht ungefährlich. Aber die schmale Straße hoch zum Gautor ist lange der einzige Weg ins südliche Rheinhessen und weiter in die Pfalz oder gar nach Paris.

Fuhrwerke aller Art sind hier von Alters her unterwegs und noch lange sieht man an Einfahrten und Hausecken Prallsteine, denn Trottoirs gibt es erst nach der Mitte des 19. Jahrhunderts. Vom Leben und Treiben auf der Gaustraße berichtet anno 1908 das Büchlein „Aus dem alten Mainz":

„Morgens um 5 Uhr ertönten von der Gautorwache die Trommel- oder Hornsignale der Tagesreveille, worauf das Tor geöffnet wurde. Nun strömten Fuhrwerke, Arbeitsleute, die sich draußen bereits angesammelt hatten, in Scharen hinein. ... An Viehmarkttagen (damals auf dem Acker), kam auch das ganze aus der Pfalz zugetriebene Rindvieh, Schweine, Schafe mit Gebrüll und Geblöke herunterspaziert. Das genierte nicht, man war es gewöhnt."
Und weiter heißt es: „Als der Trubel verlaufen

Blick von St. Stephan in den 30er Jahren und 2018. Jeweils vom oberen linken Rand diagonal nach oben verlaufend die Häuser der Gaustraße ab der Ecke zur Breidenbacher, im Vordergrund unten die Ölgasse. Das höhere Haus oben rechts im Eck ist erhalten.

ist, kamen nach und nach die Milchmädchen mit ihren kleidsamen Kopftüchern, um von dort aus von Haus zu Haus zu wandern. Um 7 Uhr im Sommer, um 8 Uhr im Winter läutete von St. Stephan herab das Kehrglöckchen, worauf jeder vor seiner Tür zu uns bis zur Hälfte die Straße zu reinigen hatte."

Lärm und Trubel seit alten Zeiten, nur ist die Straße früher noch schmaler. Im oberen Teil (s. ***Stadtspaziergänge I***, S. 22-27) bringt Ende der 1960er der Straßendurchbruch durch den Schottenhof mit dem zweiten Gleis der Straßenbahn etwas Entlastung, während der untere Abschnitt erst 2004 umgebaut wird.

Dort erhält die steilste Straßenbahnstrecke Deutschlands nach fast 80 Jahren eine zwei. gleisige Trasse. Ein zweites Gleis gibt es zwar seit den 1970ern, aber es ist mangels Platz mit

Die untere Gaustraße aus ähnlichem Blickwinkel um 1965 und 2019. Einst führt nur ein Gleis die Strecke hinauf, seit der Umgestaltung sind es nun derer zwei. Schöne Auto-Parade: A-Kadett Coupé (1962-65), Rundheck-Spider (66-69), Ford 17m P7a (67-71), C-Rekord (66-72).

dem anderen so verschlungen, dass immer nur ein Straßenbahnzug dort unterwegs sein kann. Mit dem Neubau der Trasse ist die Gaustraßenstrecke nach Jahrzehnten als Nadelöhr ab 2004 fit für den Ausbau des Netzes. Erst dadurch können heute drei Linien dort verkehren. Was für die Anlieger allerdings auch mehr Gerumpel bedeutet.

Mit dem Umbau der Straße geht unterhalb der Breidenbacher auch die Erneuerung der nördlichen Häuserzeile einher mit einem dunkel geratenen Arkadengang, der platzsparend den Gehweg in die Bebauung integriert. Unterhalb davon gibt es bis runter zur Andau noch Nachkriegsbauten: Mit asymetrischen, auskragenden Balkonen, angedeutetem Kastenerker, in dem gar noch das sechsteilig gesprosste Großfenster erhalten ist, dazu im Erdgeschoss Ladeneinbauten mit schwarz gekachelten Fassaden. Wirtschaftswunderarchitektur.

Solche 1950er-Jahre-Häuser haben ein Verfallsdatum. Denn einerseits sind sie selten im landläufigen Sinne schön und wegen der damaligen Bauweise ist es oft auch nicht leicht, sie zu erhalten. Sie werden eher abgerissen statt saniert, werden eines Tages verschwunden sein und keiner wird sich daran erinnern, wie es angefangen hat. Damals nach dem Krieg.

Sogar ein einstöckiger Notbau ist hier noch erhalten und an der aufragenden Brandmauer des Nachbargebäudes sieht man noch Backsteinmauerreste des hier weggebombten Hauses.
Die gegenüberliegende Seite von der Einmündung der Ölgasse bis zu den Nebengebäuden des Osteiner Hofs hat noch viel von der historischen Gaustraße, gehen doch die zwei- bis vierstöckigen Häuser meist auf das 18. Jahr-

Das uralte Gewerbegebäude – Pferdemetzgerei, Seifensiederei, Druckerei –, das einst von den Architekten der Liedertafel erbaut wird, fällt in den 90ern größtenteils dem Abrissbagger zum Opfer. Nur das Eckhaus neben der Einfahrt bleibt.

hundert zurück. Die Nr. 36, das Eckhaus zur Ölgasse wird erstmals 1594 als „Olyhaus", als Ölmühle des Stefansstiftes, genannt, weiß die „Denkmaltopographie Mainz, Band 2". Die Mühle dürfte aber schon länger existiert haben, denn schon 1446 wird hier eine „oleigaße" erwähnt, wie Rita Heuser in ihrem Werk „Namen der Mainzer Straßen und Örtlichkeiten" schreibt. Möglicherweise nach Aufgabe der Mühle wird das Sträßchen zum Stefansberg in Adlergasse umbenannt, nach einem dort

Die Andau an der Ecke Schillerplatz / Acker- / Gaustraße gehört zu den ältesten Gaststätten der Stadt, wenn sie auch im Krieg zerstört wird. Wenige Jahre heißt sie „Mondrion's Weinrestaurant".

ansässigen, gleichnamigen Brauhaus. 1969 folgt dann wieder die Rückbenennung, denn nach der Eingemeindung von Finthen hat Mainz zwei Adlergassen und die Post fürchtet Verwechslungen bei der Zustellung.

Nach dem Krieg erkennt man zwar den Wert barocker Bauten, doch werden vor allem bis in die 1980er und 1990er viele Alltagsgebäude abgeräumt. Ob die Ketteler-Häuser in der Breidenbacher fürs Innenministerium geopfert werden oder manches Haus in der oberen Emmerich-Josef-Straße für die Erweiterung des Textilkaufhauses Etex – man nimmt keine Rücksicht.

Auch das Areal zwischen Gaustraße und Stefansberg verändert sich, noch in den 90ern verschwindet dort ein uraltes Gewerbegebäude. Wo es heute zwischen Nr. 40 und der barocken 42 zu einer Wohnanlage geht, sieht man einst linker Hand im Hof ein Fabrikgebäude aus Backstein mit zwei markanten Vierkantschornsteinen. Eine Pferdemetzgerei, eine Seifensiederei und dann lange Jahre die Gutenberg-Druckerei sind hier angesiedelt – doch Industriekultur hat nicht viele Freunde.

Ganz anders als der Fischweibchen- oder Nixenbrunnen in der Straßenbiegung vorm Nebengebäude des Osteiner Hofs. Erschaffen von Elsa Montag, München, wird er 1942 auf der Großen Deutschen Kunstausstellung gezeigt und 1943 von der Stadt Mainz für 12500

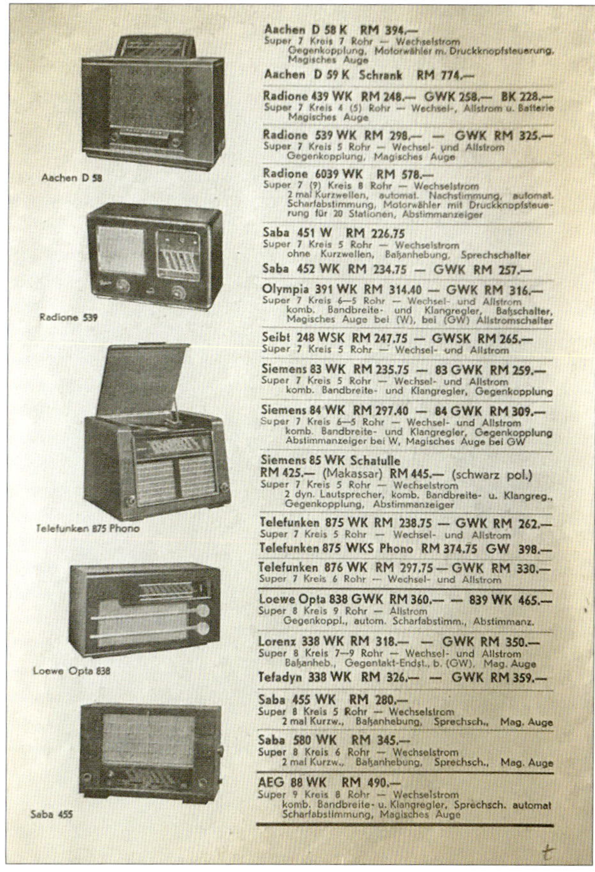

Aachen D 58 K RM 394.—
Super 7 Kreis 7 Rohr — Wechselstrom
Gegenkopplung, Motorwähler m. Druckknopfsteuerung, Magisches Auge
Aachen D 59 K Schrank RM 774.—

Radione 439 WK RM 248.— GWK 258.— BK 228.—
Super 7 Kreis 4 (5) Rohr — Wechsel-, Allstrom u. Batterie
Magisches Auge

Radione 539 WK RM 298.— — GWK RM 325.—
Super 7 Kreis 5 Rohr — Wechsel- und Allstrom
Gegenkopplung, Magisches Auge

Radione 6039 WK RM 578.—
Super 7 (9) Kreis 8 Rohr — Wechselstrom
2 mal Kurzwellen, automat. Nachstimmung, automat. Scharfabstimmung, Motorwähler mit Druckknopfsteuerung für 20 Stationen, Abstimmanzeiger

Saba 451 W RM 226.75
Super 7 Kreis 5 Rohr — Wechselstrom
ohne Kurzwellen, Baßanhebung, Sprechschalter
Saba 452 WK RM 234.75 — GWK RM 257.—

Olympia 391 WK RM 314.40 — GWK RM 316.—
Super 7 Kreis 6—5 Rohr — Wechsel- und Allstrom
komb. Bandbreite- und Klangregler, Baßschalter, Magisches Auge bei (W), bei (GW) Allstromschalter

Seibt 248 WSK RM 247.75 — GWSK RM 265.—
Super 7 Kreis 5 Rohr — Wechsel- und Allstrom

Siemens 83 WK RM 235.75 — 83 GWK RM 259.—
Super 7 Kreis 5 Rohr — Wechsel- und Allstrom
komb. Bandbreite- und Klangregler, Gegenkopplung

Siemens 84 WK RM 297.40 — 84 GWK RM 309.—
Super 7 Kreis 6—5 Rohr — Wechsel- und Allstrom
komb. Bandbreite- und Klangregler, Gegenkopplung Abstimmanzeiger bei W, Magisches Auge bei GW

Siemens 85 WK Schatulle
RM 425.— (Makassar) RM 445.— (schwarz pol.)
Super 7 Kreis 5 Rohr — Wechselstrom
2 dyn. Lautsprecher, komb. Bandbreite- u. Klangreg., Gegenkopplung, Abstimmanzeiger

Telefunken 875 WK RM 238.75 — GWK RM 262.—
Super 7 Kreis 5 Rohr — Wechsel- und Allstrom
Telefunken 875 WKS Phono RM 374.75 GW 398.—

Telefunken 876 WK RM 297.75 — GWK RM 330.—
Super 7 Kreis 6 Rohr — Wechsel- und Allstrom

Loewe Opta 838 GWK RM 360.— — 839 WK 465.—
Super 8 Kreis 9 Rohr — Allstrom
Gegenkoppl., autom. Scharfabstimm., Abstimmanz.

Lorenz 338 WK RM 318.— — GWK RM 350.—
Super 8 Kreis 7—9 Rohr — Wechsel- und Allstrom
Baßanheb., Gegentakt-Endst., b. (GW), Mag. Auge
Tefadyn 338 WK RM 326.— — GWK RM 359.—

Saba 455 WK RM 280.—
Super 8 Kreis 5 Rohr — Wechselstrom
2 mal Kurzw., Baßanhebung, Sprechsch., Mag. Auge

Saba 580 WK RM 345.—
Super 8 Kreis 6 Rohr — Wechselstrom
2 mal Kurzw., Baßanhebung, Sprechsch., Mag. Auge

AEG 88 WK RM 490.—
Super 9 Kreis 8 Rohr — Wechselstrom
komb. Bandbreite- u. Klangregler, Sprechsch. automat Scharfabstimmung, Magisches Auge

Die 1930er Jahre sind das erste große Jahrzehnt des Radios, auch weil die Nazis schnell erkennen, wie wichtig das Medium für ihre eigene Propaganda ist. Deshalb sorgen sie für weite Verbreitung des günstigen Volksempfängers, während aber auf dieser Prospektseite Geräte angeboten werden, die das mehrfache eines Arbeiter-Monatslohns kosten.

Reichsmark gekauft. Der Brunnen trifft im Juni 1944 ein, wird aber in Zeiten der Zerstörung nicht aufgestellt. Erst 1950 erinnert man sich an das eingelagerte Kunstwerk, spendiert ihm ein neues Brunnenbecken und stellt es auf. Die Künstlerin erfährt erst im Sommer 1989, dass der Brunnen überhaupt den Krieg überlebt hat – und das auch noch in direkter Nachbarschaft zu einem Werk ihres alten Studienfreunds Professor Blasius Spreng – dem Fastnachtsbrunnen.

Auf halbem Weg zwischen den beiden Brunnen liegt eine andere Mainzer Institution flüssigen Vergnügens – die Gaststätte „Zur Andau", was so viel wie Senkloch oder Gully heißt. Schon 1844, also vor 175 Jahren, gibt es am Eingang zur Gaugasse ein Weinrestaurant, das bald den Traditionsnamen trägt. Um die Wende vom 19. zum 20. Jahrhundert trägt das Lokal den Namen „Mondrions Weinrestaurant" nach dem Wirt Louis Mondrion, doch das bleibt eine Episode. Kurz vor dem 100. Geburtstag wird die Andau weggebombt und es dauert ein paar Jahre, bis sie wieder aufersteht. Seither fließt hier vor allem Bier. Und das reichlich.

Der Schillerplatz um 1910. Das Gleis Richtung Bahnhof führt noch östlich um den Platz.

53 Nackte Brüste schrecken Katholiken

Der Schillerplatz: Ein Freiheitsdenkmal stößt 1930 auf heftigen Widerstand / 1968 Sit-in auf den Schienen nach Mainzer Art

Wenn der Schillerplatz voller Menschen ist, dann ist Party angesagt – 11.11., Tanz auf der Lu, Rosenmontag, Johannisnacht ... Oder es herrscht wenigstens ein gemütlich-fröhliches Miteinander, wenn sich zur Weihnachtszeit zwischen Fastnachtsbrunnen und Schillerdenkmal wohlig-wärmender Budenzauber ausbreitet. Doch die Mainzer Geschichte kennt auch Zeiten, da sind hier Menschenmassen ein böses Omen: Kriegsbeginn 1914, Einzug der Nazis in den Osteiner Hof 1933, der Fackelappell von SA, SS und HJ nach der Kristallnacht ...

Das längliche Platzdreieck verläuft von der Schillerstraße westlich hart an der Hanglinie bis zur Einmündung der Gaustraße und weitet sich östlich auf. Diese Trichterform soll schon im Mittelalter bestanden haben und seither finden hier über Jahrhunderte hinweg auch Märkte statt. Der Platz ist dafür ideal, denn er ist für die Bauern und Händler, die über Gau-

Der Konzertpavillon wird 1929 für den Bau des Freiheitsdenkmals entfernt, heute steht etwa hier der Fastnachtsbrunnen.

Osteiner Hof (o.l.), Bassenheimer Hof (o.r.) und der ehemalige Fremdenbau des Weißfrauenklosters, heute Sitz der IHK, bestimmen die westliche und südliche Platzwand des Schillerplatzes. Alle werden zwischen Anfang und Mitte des 18. Jahrhunderts erbaut.

und Münstertor in die Stadt kommen, einfach zu erreichen. Im Gegensatz zum Markt, denn ohne die Ludwigsstraße, die erst unter Napoleon erbaut wird, führt der Weg dorthin durch ein Labyrinth gewundener, enger Gassen.

Diet(=Volks)markt, Rindermarkt, Viehmarkt, Tiermarkt lauten die Namen für den Platz, was aber den feinsinnigen Franzosen als zu derb dünkt, worauf er in napoleonischer Zeit Place Vert / Grüner Platz heißt. Doch kaum, dass die Franzosen abgezogen sind, setzt sich wieder die Derbheit durch.

Dabei ist der Platz längst ein feiner, wenn nicht gar der feinste der Stadt, denn seit anno 1670 mit dem Schönborner Hof an der Schillerstraße der Barock erste Zeichen setzt, entsteht hier innerhalb der nächsten Jahrzehnte ein städtebauliches Aushängeschild. Das Wichernhaus aus dem späten 18. Jahrhundert, dann die heutige IHK (1718), das Eckhaus zur Emmerich-Josef-Straße (1841) und der Bassenheimer Hof (1755) bilden die westliche Platzwand, die mit dem Rot des Sandsteins und den weißen Putzflächen dem gesamten Platz ein besonderes Gepränge verleiht und ihren Höhepunkt an der Stirnseite mit dem prächtigen Osteiner Hof (1752) findet.

Auch die Baumreihen, unter denen sich heute so trefflich gerade an heißen Sommertagen entspannen lässt, haben ihren Ursprung in jener Zeit. Schon 1768 werden die Vorgänger gepflanzt, es entsteht ein Raum zum Flanieren. Hier wandeln die Mainzerinnen und Mainzer gern – erst wohl unter Linden, heute unter Kastanien – und ab dem Biedermeier spielen in einem gusseisernen Musikpavillon des Sonntags die Militärkapellen. Und schließlich ist auch der Tiermarkt Vergangenheit: Mit der Enthüllung des Schillerdenkmals 1862 erhält der Platz den Namen des Dichters.

Zunächst steht das bronzene Kunstwerk fast dort, wo heute der Fastnachtsbrunnen ist, doch rückt es mit seinem Sockel aus belgischem Marmor bei den verschiedenen Umgestaltungen immer weiter nördlich, bis es 1929 den heutigen Standort erhält. Aber immer steht der Freiheitsdichter mit dem Rücken zum Gouvernement, zeigt den Militärs jedweder Couleur seine Kehrseite. Und das Militär ist hier immer präsent.

Der Schillerplatz kurz nach der Einweihung des Schiller-Denkmals 1862. Heute steht das Monument weiter nördlich.

Im Osteiner Hof sitzt der Gouverneur der Festung, weshalb Alt-Mainzer das Gebäude gern Gouvernement nennen; 1919 folgt der französische Stadtkommandant, später nimmt die Wehrmacht hier Quartier, bevor das Barockgebäude von den späten 1950ern bis 2014 Standortquartier der Bundeswehr ist.

In der Zwischenkriegszeit blitzt für einen Moment so etwas wie Freiheit auf, als 1930 die verhassten Franzosen abziehen und Mainz wieder frei ist. Der Jubel ist unbeschreiblich – ein Denkmal muss her, und es entsteht dort, wo vorm Osteiner Hof der Musikpavillon steht. Der jüdische Bildhauer Benno Elkan (gebürtiger Dortmunder und am 27. Februar 1900 Mitgründer des FC Bayern München) erschafft als Befreiungsdenkmal eine kniende, sich nach oben reckende Frauenfigur, die er „Die Erwachende" nennt. Reichspräsident Hindenburg kommt zur feierlichen Einweihung, doch das

Der Schillerplatz am Tag des Franzosen-Abzugs, dem 30. Juni 1930. Ganz Mainz ist an diesem und am nächsten Tag auf den Beinen.

Die barbusige Figur „Die Erwachende" ruft vor allem die Katholiken auf den Plan.

kann den Skandal nicht mehr aufhalten – denn die Dame ist barbusig und Mainz zutiefst katholisch. Aus der Erwachenden wird „Die Erregende".

Pfarrer wettern von der Kanzel, die Zentrumspartei im Stadtrat und alle zusammen im katholischen „Mainzer Journal". Sogar die Fronleichnamsprozession wird umgeleitet. Als die Nazis an die Macht kommen, beschließen sie zusammen mit dem Zentrum im Stadtrat die Entfernung der „Erwachenden", die bald darauf zerstört wird.

Die Befreiung von Mainz im März 1945 durch die Amerikaner sieht am Schillerplatz fast nur noch Ruinen. Vor allem Brandbomben haben hier gewütet, so stehen wenigstens noch die Außenmauern vieler Gebäude. Und es sind die Franzosen, die das barocke Erbe retten. 1947/48 lassen sie den Osteiner Hof wieder herstellen, dann den Bassenheimer Hof, in dem später zunächst der rheinland-pfälzische Ministerpräsident seinen Sitz hat, bevor er Anfang der 1960er ins Zeughaus zieht.

Dann kommt der Innenminister und er kann wenige Jahre später von seinem Fenster aus den Aufstand der Jugend erleben. Als 1968 die Studentenrevolte die großen Städte erfasst, will auch die Mainzer Studentenschaft nicht hintanstehen und protestiert mit einem Sit-in auf den Gleisen. Aber Mainz wäre nicht Mainz, wenn sich nicht eine Lösung gefunden hätte, mit der alle leben können. Und so einigen sich Polizei und Studenten darauf, dass sie die Schienen blockieren dürfen, wenn sie alle 15 Minuten eine Straßenbahn durchlassen.

Noch umfahren die „10" und die „11" wie auch der Autoverkehr den Platz zu beiden Seiten, doch 1979/80 wird er umgestaltet. Nun wird sämtlicher Verkehr auf die Westseite verlegt, während der Rest des Platzraums den Fußgängern gehört. Es ist nun ein wirklich attraktiver Platz und dazu tragen nicht nur die prächtigen Barockbauten bei, das üppige Grün und der Bereich ohne Autos, sondern auch die Tatsache, dass beim Wiederaufbau nach dem Krieg die kleinteilige Struktur auf der Ostseite erhalten geblieben ist.

An anderer Stelle, wie zwischen Kronberger

Der Osteiner Hof vor seiner Zerstörung mit dem schönen Treppenhaus (o.r.) sowie 1945 (u.) und ein Jahr später kurz vor Beginn des Wiederaufbaus, den die Mainzer der französischen Besatzungsmacht verdanken.

Hof, Franziskaner-, Betzels- und Stadthausstraße, führt man Ende der 1950er eine Bodenreform durch, weitet die kleinen Parzellen auf, damit große Bauten entstehen können. Darauf hat man am Schillerplatz verzichtet, die Wohn- und Geschäftsbauten behalten kleines Format. Dennoch dauert es nochmals etliche Jahre, bis sich der Platz belebt. Er ist durch gehobene Geschäfte wie das Modehaus Lang eine kleine Einkaufsmeile, ansonsten aber recht tot ist. Dann aber gibt es mit dem Eiscafé „Covre" auf der nördlichen Seite und dem „Schiller", heute „Extrablatt", endlich zwei Anlaufpunkte mit großzügigem Außenbereich. Herrlich, hier zu

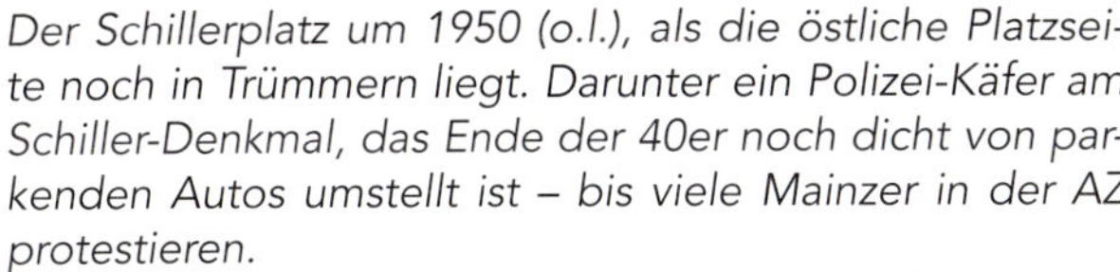

Der Schillerplatz um 1950 (o.l.), als die östliche Platzseite noch in Trümmern liegt. Darunter ein Polizei-Käfer am Schiller-Denkmal, das Ende der 40er noch dicht von parkenden Autos umstellt ist – bis viele Mainzer in der AZ protestieren.
Oben rechts Sit-in der Studenten auf den Schienen am Schillerplatz, in der Mitte und unten weitere Ansichten der späten 1960er.

sitzen und den Blick schweifen zu lassen, zumal sich gerade auf dem Schillerplatz die Gärtnerinnen und Gärtner des Grünamtes mit ihren reich bepflanzten Blumenbeeten alljährlich selbst übertreffen.

Der Schönborner Hof um 1920. Erst nach der Zerstörung erhält er seine alte Dachform zurück.

54 Ein General rettet den Schönborner Hof

1951 will der Stadtrat den Adelspalast in der Schillerstraße abreißen / Modehäuser, „Café Janson" und Residenz-Passage

Als am 21. Oktober 1792 die französische Revolutionsarmee in Mainz einmarschiert, ist das die Zeitenwende. Adel und Klerus fliehen und nicht wenige Bürger verhehlen ihre Freude nicht. Johann Aloys Becker, der später in der Mainzer Republik keine unwichtige Rolle spielt, schreibt: „Ich gestehe, dass ich großes Vergnügen mit Blick auf die riesengroße Verzweiflung hatte, die unsere adeligen Herren ergriff."

Die Phasen aus Befreiung und Besetzung wechseln, aber 1797 bleiben die Franzosen endgültig da, der Adel wird nie wieder in seine Palais zurückkehren. Nun sitzt im Osteiner Hof die Verwaltung des Departement Donnersberg und auch im Schönborner Hof sind die feinen Zeiten vorbei. Das Militär nutzt den Adelshof als Hospital, aber in den nächsten anderthalb Jahrhunderten wechseln je nach Besatzung Nutzer und Nutzung.

Eine Beschreibung des Viertels 1860: „Es barg an Sehenswürdigkeiten meist nur Kasernen: Den Bassenheimerhof, belegt mit königlich preußischer Garde-Artillerie, dann das alte Weißfrauenkloster, belegt mit k.k. Genie(=Pionier-)soldaten, außerdem mit dem Offizierskasino, weiter den Schönborner Hof, jetzt preußische Infanteriekaserne und Offizierskasino, die Altmünsterkasernen mit Österreichern ..." Und auch die Professorenhäuser an der Neuen Universitätsstraße, von denen heute nur noch drei am Proviantamt erhalten sind, dienen als Militärwohnungen.

36 MAYENCE — Cercle des Officiers

Nördlich des Schönborner Hofes ist das schöne Gartenlokal des Offizierscasinos angebaut.

Die Militärs sind wenig zimperlich, was die angeeigneten Bauten angeht und so wird der Barock-Urahn Schönborner Hof kurzerhand seiner barocken Giebel beraubt, um ihn aufzustocken, wie auf dem ersten Bild dieses Kapitels zu sehen ist.

Schräg gegenüber, im früheren Metternichschen Hof, Ecke Spritzengasse, steigt Napoleon letztmals in Mainz ab, seiner oft besuchten „Bonne

In den 30ern gibt es im Adelspalais ein Restaurant mit Tanzcafe.

Die Schillerstraße (o.l. um 1900) ist einst deutlich schmaler, und auch die Einmündung in den Münsterplatz (Mitte links) ist bis Ende der 1920er sehr eng. Dann werden die Wohnhäuser rechts, deutlicher zu sehen auf dem Foto rechts, für Platz- und Straßenerweiterung sowie für den Neubau von Finanzamt und Telehaus abgerissen.

ville de l'Empire français". Am 16. Dezember 1812 ist er mit zwei Generälen auf der Flucht von Russland nach Paris, während die Trümmer seiner Grande Armée im Baltikum bei minus 40 Grad erfrieren, tausende Soldaten in jenen Tagen in Wilna verhungern oder massakriert werden.

Das Biedermeier sieht die Tiermarkt-, ab 1862 Schillerstraße als Flaniermeile: „An schönen Frühlings- und Sommerabenden wie an trockenen Sonntagen im Herbst und Winter ist die Große Bleiche nebst den Tiermarkt- und Ludwigsstraßen, dem Rheingestade die Hauptpromenade der Mittelklasse in Mainz". Damit ist das Bürgertum gemeint, das sich wie am Schillerplatz auf der Stadtseite der damals noch deutlich schmaleren Straße einrichtet.

Das Adressbuch 1914 notiert bei den Gebäuden rechter Hand in Richtung Schillerplatz ausschließlich „Festung Mainz", während sich auf der anderen Seite viele Wohn-, vor allem aber Geschäftshäuser finden: Tapisserie, Porzellan, Musikalien und Konfektion sind Branchen, die auf eine „bessere" Kundschaft schließen lassen, und es finden sich darunter auch bekannte Mainzer Namen wie Listmann & Stellwagen oder die Buchhandlung von Zabern.

Die Veränderung beginnt Ende der 1920er, als einige der Professorenhäuser und die Wohnhäuser an der Schillerstraße Finanzamt und Telehaus weichen. Die Häuserfront rückt deutlich nach hinten, die Straße wird breiter, wenn auch das Proviantamt noch ins Profil ragt. Im Parterre der Steuerbehörde eröffnet 1929 der „Kinderladen Wirth" (damals nur Textilien), während schräg rechts gegenüber, in der Nr. 40, das „Café Janson" ansässig ist. 1839 in der Kleinen Emmeransgasse gegründet, ist „das Janson" ab 1921 bis in die 90er hier. Ein schönes Café, dessen herrliche Punschringe, gefüllte Florentiner, Baumstämmchen, Holländer Kirsch und Fürst-Pückler-Torte ich mich schmachtend erinnere.

KAFFEE-GEBÄCK

	DM
Plunderteilchen	0,25
Blätterteigteilchen	0,25
Schweinsohren	0,25
Apfel- oder Kirsch-Schnitten	0,40
Florentiner groß	0,60
Florentiner klein	0,30
Nußknacker	0,60
Kopenhagener Mandelschnitten	0,60
Baumkuchen Portion	0,80

BUTTERCREME-TORTEN

Moccatorte	0,70
Schokoladentorte	0,70
Prinzregenten	0,70
Fächertorte	0,70
Mocca-Baiser-Torte	0,70
Fürst-Pückler-Torte	0,70
Nougattorte	0,70
Trüffeltorte	0,70
Frankfurter Kranz	0,70
Ananastorte	0,70

SAHNE-TORTEN

Holländer Kirsch	0,70
Schwarzwälder Kirsch	0,70
Nußsahne	0,70
Mocca-Sahne	0,70
Schokolad-Sahne	0,70
Ananas-Sahne	0,80
Zitronen-Sahne	0,70

Bedienungszuschlag 10 Prozent

Das 1839 gegründete Café Janson zieht 1921 in die Schillerstraße, wo es 70 Jahre bleibt. Die Kuchenkarte mit Torten zu Pfennigpreisen stammt aus den frühen 1950ern.

Den Schönborner Hof reißen sich 1933 die Nazis unter den Nagel, machen aus ihm das „Haus der NSDAP". In den Räumen des alten Casinos hat sich zudem ein Restaurant etabliert, in dem in den 1930er Jahren die „Konzert- und Tanzkapelle Kleisinger mit ihren fünf Solisten" im Silbersaal spielt. Aber die Tage des Adelshofs wie seiner Umgebung sind gezählt. Als „Heil"-Schreie und Sirenen verklingen und sich die Rauchschwaden verziehen, liegt die Straße in Trümmern. Von den barocken Bauten – vom Osteiner bis zum Schönborner Hof – stehen nur noch Außenmauern. Der einzige Adelspalast, der überlebt, ist der Erthaler Hof gegenüber des Finanzamts.

Die hölzerne Ausstattung mit Nebentreppenhäusern, Flügeltüren, Wandschränken und dem originalen Dachstuhl ist erhalten. Das ist in Orten wie Mainz äußerst selten, wofür der britische Bomber-General Harris mit der Taktik des Ausbrennens gesorgt hat: Sprengbomben decken Dächer ab, öffnen die Häuser von oben für die Brandbomben.

An den Schönborner Hof könnten sich heute, wenn es nach dem Stadtrat gegangen wäre, nur noch ältere Mainzer und Mainzerinnen erinnern.

Denn 1951 erachten die Stadtverordneten die Ruine nicht für aufbauwürdig und beschließen den Abriss – auch weil man dort die Schillerstraße verbreitern will. Und so wäre es gekommen, wenn nicht General Schmittlein einen ge-

Die Gegend von Schillerplatz (unten rechts) und der Schillerstraße (nach links oben) 1945 mit den unzerstörten Dächern von Proviantamt, Finanzamt und Telehaus (alle oben links). Man sieht die vielen ausgebrannten Häuser, von denen nur noch die Außenmauern stehen.

Der ausgebrannte Schönborner Hof um 1946, rechts daneben wieder aufgebaut Mitte der 1960er mit dem „Dolomiti Eiscafé" an der noch provisorischen Ecke zur Spritzengasse.

harnischten Brief nach Mainz geschickt hätte. Es ist jener Raymond Schmittlein, der als Kulturchef der französischen Besatzungszone so viel Gutes für die Stadt getan hat, allem voran die Neugründung der Universität 1946. Als er dann in Baden-Baden von der Ungeheuerlichkeit des Stadtrats hören muss, ist er enttäuscht und erzürnt. Schließlich haben die Franzosen nach dem Krieg Osteiner und Bassenheimer Hof gerettet. Und nun wollen die undankbaren Mainzer den dritten im Bunde der Barockpalais wegreißen.

Aber Schmittleins Brief fruchtet. Der Schönborner Hof wird gerettet, erhält gar die Rollwerkgiebel wieder, die er bei der Aufstockung verloren hatte und die seine Verwandtschaft zum Römischen Kaiser am Liebfrauenplatz so offenbar machen. Aber auch der Verkehr kommt zu seinem Recht: Wer den hinteren Flügel des Adelshofes auf dem Bild ganz oben mit heute vergleicht, der sieht, dass der Risalit zurückgezogen worden ist und die paarigen Seitenfenster eingebüßt hat.

Der Neubau der gegenüberliegenden Zeile von der Spritzengasse bis zur Kleinen Langgasse beginnt Anfang der 1950er, ist aber erst Ende des Jahrzehnts abgeschlossen. Und wie schon am Schillerplatz mit dem Herrenausstatter Grunenberg und dem Damen-Modehaus Lang ziehen auch hier Modegeschäfte wie Harling, Moos oder Hut-Gaul ein. Bekannte Namen sind noch Papier-Anstoß, der Werkzeughandel Listmann & Stellwagen oder Juwelier Willenberg, der vormals in der Lu ansässig war.

Integriert in die Wohn- und Geschäftsbebauung ist das mit 900 Plätzen einst größte Kino der Stadt – das „Residenz" mit dem kleineren „Prinzess". Jahrzehnte laufen bis 2001 im Residenz all die Blockbuster. Erschlossen wird der Komplex durch eine Passage hinüber zur Langgasse. Wenn dann ein neuer Bond anläuft, stehen die Fans Schlange bis weit in die Schillerstraße hinein. Zeit genug, in der Passage einen Blick auf die ausgedehnten Auslagen des in den 1980ern/1990ern höchst angesagten Herrenausstatters „Axel's Club" zu werfen. Dort deckt man sich mit Marc O'Polo, Boss, Armani oder Iceberg-Pullis ein ...

Nach dem Film gibts aber etwas für jeden Geldbeutel – in der Kinoklause von Roland Bockius (heute „Sixties"). Eine legendäre Kneipe, in der der nicht weniger legendäre 05er Guido Schäfer gern mal bis zum Morgen des anbrechenden Spieltags an der Bar gesessen haben soll. Auch Kloppo sei gern zu Gast gewesen – nicht nur wegen der Getränke, sondern auch wegen einer Mitarbeiterin namens Ulla, so heißt es. Sie ist seit 2005 seine Frau. Aber die Kinoklause ist wie die gesamte Passage und die beiden Kinos seit 2018 Geschichte.

Oben links das Provisorium von Juwelier Willenberg mit dem gerade beginnenden Neubau. Mitte links die wiederentstandene östliche Häuserzeile, rechts nehmen zwei Schwellköpp vorm Proviantamt einen DKW Reichsklasse in die Zange. Unten Juwelier Willenberg in den 1960er Jahren.

Kurz vor Weihnachten 1948 eröffnet das Ehepaar Demmler in einem kleinen Flachbau das Spielwarengeschäft des „Kinderladen Wirth", während es Kinderbekleidung wie schon seit 1929 gegenüber in einem der Läden im Finanzamt gibt. Schon 1950 erbauen sie einen fünfstöckigen Neubau.

Michael Bermeitinger

Der Autor dieses Buches wurde 1960 in Lörrach/Baden geboren, wuchs in Bonn auf und lebt seit 1974 in Mainz. Seit 1988 Redakteur der Allgemeinen Zeitung, ist er ab 2012 in der Lokalredaktion Mainz tätig, für die Bermeitinger unter anderem über die jüngere Geschichte der Stadt Mainz schreibt. Themen sind hierbei nicht die großen historischen Linien, sondern der Alltag der Menschen, die städtebauliche, architektonische und verkehrliche Entwicklung der Stadt. Im Magazin „Unsere Geschichte" der VRM beleuchtete er in einzelnen Ausgaben unter anderem die 30er, 50er, 60er und 70er Jahre in Mainz.

In den letzten Jahren hat Bermeitinger eine umfangreiche Sammlung tausender alter Fotos und Ansichtskarten aufgebaut, die ergänzt wird durch Dokumente, die von Kofferaufklebern, Firmenbriefen und Speisekarten über Straßenbahnfahrpläne, alte Werbung und Lebensmittelkarten bis hin zu Fahrkarten und Fastnachtsprogrammen reicht. Quelle sind in aller Regel Internetauktionshäuser wie Ebay, aber auch der Johannis-Büchermarkt oder die Bücherstände beim Zitadellenfest. Die Idee zu den Stadtspaziergängen ist über Jahre gewachsen. Der Gedanke dabei war, dass Geschichte und Geschichten nicht immer nur ereignisbezogen zu Jahrestagen erzählt werden sollten, sondern aus der Perspektive des Alltags und der Stadtviertel. Was lag also näher, als Straße für Straße durch die Stadt zu spazieren und von all den großen und kleinen Ereignisse zu erzählen, von den besten Zeiten wie auch den dunklen Jahren. Mainz kann so schön sein, aber es hat auch Ecken, die wie eine einzige Narbe wirken. Zu verstehen, warum das so ist, dabei sollen die Stadtspaziergänge helfen, die seit September 2018 mit kurzen Unterbrechungen immer montags erscheinen.

Literatur (Auswahl):

Balzer, Wolfgang: Eine Stadt und ihr Militär, 1936-45

Brüchert, Hedwig: Städtische Sozialpolitik am Beispiel der Stadt Mainz 1890-1930, Wiesbaden 1994

Dumont/Schütz/Scherf: Mainz. Die Geschichte der Stadt, Mainz 1998

Falk, Ludwig: Mainz – damals, gestern und heute, Stuttgart 1984

Heiser, Rita: Namen der Mainzer Straßen und Örtlichkeiten, Stuttgart 2008

Leiwig, Heinz: Mainz 1933-1948, Mainz 1987

Leiwig, Heinz: Bomben auf Mainz, Mainz 1995

Neise, Harald: Mainz und seine Straßenbahn, Stuttgart/Mainz 1983

Scheffler, Peter: Eisenbahnknotenpunkt Mainz/Wiesbaden, Freiburg 1988

Schumacher, Angela / Wegner, Ewald: Kulturdenkmäler in Rheinland-Pfalz, Band 2.1: Mainz Stadterweiterungen, Düsseldorf 1986

Wegner, Ewald: Kulturdenkmäler in Rheinland-Pfalz, Band 2.2: Stadt Mainz Altstadt, Düsseldorf 1988

Adressbücher: diverse Jahrgänge

Reiseführer Baedeker, Woerl, Grieben, verschiedene Jahre

Allgemeine Zeitung / Mainzer Anzeiger, verschiedene Jahrgänge

Mainz Vierteljahreshefte für Kultur, Politik, Wirtschaft, Geschichte ab 1981

Das neue Mainz, Städtisches Presseamt: 1953 bis 1973

Mainz Magazin: 1974-1975

Unsere Geschichte, Hefte 1-6